D1726488

Jürg Schubiger
Unerwartet grün

Jürg Schubiger
Unerwartet grün

Luchterhand

© 1983 by Hermann Luchterhand Verlag
GmbH & Co KG, Darmstadt und Neuwied
Lektorat: Klaus Siblewski
Umschlaggestaltung: Kalle Giese
unter Verwendung von Photographien des Autors
Herstellung: Martin Faust
Gesamtherstellung bei der
Druck- und Verlags-Gesellschaft mbH, Darmstadt
ISBN 3-472-86564-4

Ein Philosoph soll einen Sufi gefragt haben: »Was gäbe es, das gesehen werden könnte, wenn niemand da wäre, um es zu sehen?«

Der Sufi antwortete: »Was könnte nicht gesehen werden, wenn jemand da wäre, um es zu sehen?«

(Idries Shah)

Erster Aufenthalt
Schichtungen

Er hatte sich bis hier herauf verlaufen. So weit wollte
er gar nicht in seinen Halbschuhen, bloß ein paar
Schritte und noch ein paar hinter das Dorf hinaus.
Schon auf dem Pfad im Kastanienwald aber stieg er
über die Wurzelstufen wie einer, der einen langen Weg
und wenig Zeit hat. Er verschnaufte bei einem Rudel
Schafe. Auf dem flacheren Teil, dem Sträßchen, das
frisch in den farnkrautigen Abhang gerissen war und
über dem Wald in ein Seitental führte, fing er fast an zu
laufen. Die gefrorene Schneedecke trug ihn. Er
schwitzte. Das Sträßchen endete bei einer Brücke in
einem Wendeplatz. Ein Bergpfad führte weiter –
schräg über eine Kuppe und dann zu dem Grat empor,
der das Seitental abschloß. Wo der Schnee tiefer lag,
war der Pfad bloß noch als längliche Lücke zwischen
den Büschen und Tännchen und weiter oben als Lücke
im Ginster zu erkennen.
Alpe di Mágeno hieß der Ort. Das konnte er auf dem
Wegweiser lesen, der in einer Schneeverwehung stand
und mitten in eine benachbarte Verwehung zeigte. An
dieser Stelle begann er, so ziellos bewegt, wie er
heraufgekommen war, mit seinen Aufzeichnungen,
seiner »Abschrift der Landschaft«. Den Anstoß
mochte eine der Überrumpelungen gegeben haben,
die er immer wieder erlebte: plötzlich die Linie dieses
Berggrats vor dem Himmel zum Beispiel, genau diese
Linie.
»Sich in der Landschaft wiedererkennen«, notierte er.

Es ging nicht darum, zu entdecken, daß dieser Grat verlief wie eine Runzel auf seiner Stirn oder wie eine seiner Handlinien, auch wenn das stimmte. Es war das Sehen der Verwandtschaft rundherum, im Augenblick, zwei runde Augen voll.

Der Schnee war weit herum in großen Flächen weggeschmolzen. Hinter Ginsterbüschen oder wo der Boden etwas ebener war oder sich ost- oder westwärts von der Sonne abwandte, lagen noch mächtige Haufen. Gleich daneben trockenes Gras. Die Umrisse vergröberten sich beim Schmelzen. Die zurückweichende Schneekante bewahrte die Form des Felsens, der sie einmal begrenzt hatte (oder des Wegbordes, des Baumstamms) in einer Verzerrung, die die Kontur im Schmelzen zuerst verdeutlichte und dann unkenntlich machte. Wo ein Stein unter dem Schnee gelegen hatte, war der Schnee zuerst geschmolzen. Der Stein lag jetzt wie abgesetzt in einem kleinen Hof, auf dem nassen Boden.

Die Natur ließ sich Zeit mit »Erwachen«. Nur der Besenginster, eben noch flach am Boden, erhob sich rasch. Der Bergsteiger in Halbschuhen sah und hörte, wie ein Ginster neben ihm sich mit einer einzigen Bewegung noch wie im Schlaf aus dem schmelzenden Schnee löste. Er hatte das Gefühl, »Zeuge« zu sein. (»Sah« und »hörte« ist nicht genau genug; die Bewegung war so rasch und kam so unerwartet, daß er sich erinnerte, sie soeben gesehen und gehört zu haben.) Ebenso überraschend – und gleichzeitig, wie er nachträglich meinte – wurde er trübsinnig. Er verstand von seinem Leben nicht mehr als von Ginster und Schnee.

Sein Leben, das war das Leben eines Menschen zwischen vierzig und fünfzig, der zum Beispiel Paul hieß, der mit dem Wort »Leben« sehr viel verband und fast nur Verlegenheit mit dem Wort »mein«: »Mein Beruf«, »meine Familie«. Er hatte sich von seiner Frau getrennt, vor wenigen Monaten, und sah auch die beiden Söhne kaum mehr. »Meine Schuhe«, »meine Brille«, das konnte er sagen, »mein Gesicht«, »mein Trübsinn«, »mein Schreibzeug«. Zu einem Menschen »mein Mensch« zu sagen, war unvorstellbar.

Dieses Nachdenken über seine Person. Würde er damit fortfahren, so käme es mehr und mehr dem Herumrücken schwerer Möbel in einem engen Zimmer gleich. Woran er mit sich war, merkte er zuverlässiger, wenn er die Vorkommnisse dieser Landschaft beschrieb.

Ein feinfaseriger Pilz, der wie Schimmel aussah, war das erste, was wuchs. Er bildete im verklebten Gras da und dort Nester und Geflechte. Das blonde Gras, das dicht an der Erde lag, ließ ihn an verschwitztes Haar im Nacken von Kranken denken.

Der Schnee und der Wind hatten den dürren Fächern des Farnkrauts, die hier alle größeren Flächen bedeckten, eine Richtung gegeben. Wo der Westwind hingelangte, hatten sie sich gegen Osten gelegt, an geschützten und sehr steilen Stellen dagegen talwärts. Zwei Schichten ließen sich unterscheiden, eine untere, leblos graue, und eine hellbraune darüber.

Paul hatte gelesen, es gebe Steppenbewohner, die Hunderte von Ausdrücken für Abstufungen von Bräunlich und Sandfarbig kennen, und den Eskimos ständen viele Bezeichnungen für verschiedene Arten von Schnee zur Verfügung. Hier, wo es außer dem Schwarzgrün des Besenginsters fast nur Ocker und Weiß gab, hätte er die Hilfe weiterer einfacher Wörter gern angenommen. Er hätte erleben mögen, wie ein Eskimo jenen glatten und glitzernden Schneeschild mit der gelben Grasinsel sähe oder diesen schmutzigen Schneerand mit den klar hervortretenden Schichtungen (im ungleichen Abschmelzen wie für Schulkinder übertrieben deutlich gemacht).

Die Schneeflächen waren von einem nassen Saum umgeben; der Farn verfärbte sich an diesen Stellen rötlich-dunkelbraun. Die Gänge der Mäuse, denen eben das Schneedach über dem Rücken weggeschmolzen war, lagen, ins dürre Gras hineingesägt, offen da. Gleich daneben gab es neuere Gänge knapp unter der Oberfläche, die sich wie Schläuche aus Erde am Boden hinzogen. Hier, am zurückweichenden Schneerand, änderte sich von Stunde zu Stunde die ganze Lebenssituation.

Für ihn war das einer der Orte des Übergangs, ein Ort, wo »Weltgeschehen« stattfand. Kauernd untersuchte er die Stellen, an denen die Mäuse Probebohrungen angesetzt hatten (wahrscheinlich um zu erkunden, wie weit der Boden schon aufgetaut war): seine Fingerkuppen paßten genau in die sorgfältig geformten kleinen Wirbel im Gras. Paul stellte Mutmaßungen an über das Leben der Mäuse. Auf seine vielen Fragen brauchte er im Augenblick keine Antworten. Er hätte für kundige Erläuterungen aber freundliches Interesse gehabt.

»Weltgeschehen«. (In der Bibliothek seines Vaters gab es ein Werk »Das große Weltgeschehen«. Als Kind hatte Paul angenommen, in den hohen, schwarz und dunkelroten Bänden sei ausschließlich von den Deutschen und den Juden die Rede. Ein Bild war unbestimmt gegenwärtig, ein Gesicht oder mehr nur ein Blick, der verkohlt aussah. Not und Druckerschwärze: als Kind hatte er das offenbar nicht trennen können.) Nun dachte er sich eine Geschichtsschreibung, die aufmerksam die Veränderungen am Saum einer Schneefläche betrachten würde, und eine Orakelkunst, die Form und Anordnung von Schneeschichten zu lesen verstände (die an einer Stelle zum Beispiel jäh abbrechen, wie Felswände in altem Schwemmland, und an anderer Stelle eine leichte Neigung des Schneerückens terrassenartig nachzeichnen).

Schichtungen, Ablagerungen, Zeit als Landschaft. Im Traum der vorletzten Nacht hatte Paul sich mit solchen Erscheinungen beschäftigt:
Er befand sich in Afrika, am Rande einer hügeligen Steppe, und blickte von einer letzten Erhebung auf eine flache, sehr weite Wüste hinaus. Steinmauern im Vordergrund grenzten Parzellen ab, ehemalige Weiden, in denen ein kurzes, dürres Gras stand. Zwei Forscherinnen hatten hier ihr Arbeitsfeld, eine knochige in khakifarbenem Anzug und eine vollere, dunkler gekleidete, beide etwas über vierzig. In versteinerten Lehm- und Sandsedimenten und in frischen Sandablagerungen zeigten sie ihm Schichtungen, Linien und »Wege«, den sogenannten »Sinn«, den das Material in der Zeit entstehen ließ. Sie wiesen dann auf große, runde und langsam rollende Sandwolken, die vom Wind über den ganzen Himmel befördert wurden. Auch diese Wolken, unter denen das Licht jetzt

dämmerig und gelblich war, drehten und verformten sich nach beschreibbaren Regeln, bandförmig, kraus oder flammig, in Variationen der Kreisform. Dazwischen öffneten und schlossen sich Lücken, natürliche Risse und vereinzelt auch harte Ausschnitte mit geraden Kanten, durch die man das Blau des Himmels sah. Sie hießen »Windfenster«. »Diese Bildungen«, sagte die hagere Forscherin, »zeugen von der außerordentlichen Leichtigkeit und Beweglichkeit des Sandes. Aber auch –«

An das, was sie hier noch beigefügt hatte, erinnerte er sich beim Erwachen nicht mehr. Das »Aber« schien ihm jedoch in einem Zusammenhang zu stehen mit den hartkantigen Ausschnitten in den Wolken, den Öffnungen, die die natürlichen Muster durchbrachen.

Der Schnee hatte Äste gebrochen und junge Bäume gefällt. Ein Tännchen stand gebeugt, seine Krone war in einer Böschung festgefroren. Paul folgte nicht sofort der Regung, das Tännchen zu befreien. »Die Natur sorgt schon für sich«, überlegte er. Dann aber machte er sich von dem Gedanken los und gehorchte, selber befreit, seinem ersten Antrieb.

Ein Vogel flog über ihn weg. Sein Flügelschlag klang wie das Klatschen eines Staublappens, den man ausschüttelt. Jetzt blitzte er noch mit einer Bewegung vor dem Dunkel des Hügels auf. Paul erinnerte sich nun, vor einer Weile in Abständen kleine Vogelschreie gehört zu haben, die so dünn waren wie die Luft. »In dieser Stille braucht's nicht mehr als das«, hatte er gedacht.

Wie sind Veränderungen, strömende, beschreibbar, anders als durch Vergleich getrennter, aufeinander folgender Zustände? Und kannte er diese einzelnen Zustände? Als er sich das überlegte, war er schon ein Stück talwärts gegangen und saß am Rande einer verwilderten kleinen Wiese. Wie verhielt es sich mit diesen grünen Grasspitzen: Hatten sie schon so in den dürren Polstern gestanden, als er bergwärts daran vorbeigekommen war? Noch nicht? Oder weniger? Was er sehen konnte, waren bestenfalls Sprünge, was er hätte sehen wollen, war ein Gleiten. Was wußte er über das Wachsen des Grases? Ringsum geschah Veränderung, gerade jetzt. Sie geschah hinter seinem Rücken, ausgerechnet dann, wenn er nicht hinschaute. Es war wie in einer Clownnummer. Dieser Krokus neben seinem Schuh: Woher kam er so plötzlich? Möglich, daß er eben, als er weggeblickt hatte, um nach den rötlichen Knospen an jenem Buchenzweig zu sehen, entstanden war. Was wußte er wirklich?

Etwas Wollig-Braunes und Kugeliges flog über den Pfad und in ein Brombeergebüsch. Paul stand auf und ging weiter, den Blick auf dem Schnee. Da war wieder der verletzte Birkenstamm, ein alter Riß in der Rinde, den ein dicker, stellenweise geröteter Wulst umgab. Ein heilender Pflanzenkörper.

Er dachte an Mafalda, seine Frau, und an die beiden Söhne, die »Buben«, wie man, sich erinnernd, beim Betrachten von Fotografien verweilte. Das Bild, das entstand, nahm merkwürdigerweise nicht das ganze Gesichtsfeld ein, sondern war in einem dunklen Umfeld kreisförmig begrenzt. Er sah die Buben verlegen am runden Tisch stehen, als sei er eben unverhofft und unerwünscht hereingekommen. Mafalda hantierte in

13

der Küche und war zur Stube unterwegs. Er sah sie nur verschwommen, ein schmerzhafter Druck in seinen Augen und über der Nasenwurzel behinderte ihn.

In der gegen Westen geöffneten Talrinne, in die er gelangte, traf er noch einmal auf ein Stück Winter. Die Luft war blau und kalt hier. Schneewellen am Straßenbord, bergwärts gebrochen, und über der Straße der steile, mit Haselbüschen und Buchen besetzte Abhang, an dem der Schnee wie in einer weihnachtlichen Krippenlandschaft wattig und regelmäßig verteilt lag (in Eile verstreut, weil die ungeduldigen Kinder draußen im Korridor drängten). Jenseits der Rinne bereitete sich eine andere Jahreszeit vor. Der Boden duftete. Weiden mit blühenden Kätzchen, die er zum erstenmal seit seiner Kindheit wieder als kleine pelzige Tiere an den Zweigen sah.
Bevor das Neue wuchs, schien das alte, staubige Grün sich in der Wärme noch einmal zu beleben. Breitblättriges, seitlich behaartes Gras, das alles Flächige nach oben wandte. Unter verholzten Stengeln eine milchiggraue und silbrige Plastikblache. Eine Eidechse lief so schnell über eine Schneekante, daß sie sich, schwarz auf der weißen Fläche, überschlug.

Bevor der Weg in den Kastanienwald hinabführte, verlief er über eine Rampe. Von hier aus war noch einmal der Blick auf das Dorf frei. Mit Gras bewachsene Terrassen zeichneten den Hügel nach, auf dem die Häuser standen; von Gletschern geschaffene Stufen, denen die Bewirtschaftung ein schärferes Profil gegeben hatte. Die Gemüsegärten, die mitten in den Wiesen angelegt waren, bildeten dunkle Flächen. Paul

14

freute sich, in den noch dunkleren Klecksen am Rand sachkundig den Mist zu erkennen, der in Haufen zum Verteilen bereitlag.

Im Wald dann das Stanniolpapierknistern des trockenen Laubes unter den Schuhen. »Raschelte« das Laub? Er wünschte sagen zu können »das Laub raschelt«, ohne gleich irgendein Laub zu meinen, sondern genau dieses hier, und dieses Rascheln.

Musik kam vom Dorf herauf, Arbeiterlieder, jetzt die »Bandiera rossa«. Er wußte, es war das Autoradio des Karosseriemechanikers, der den Apparat laut einstellte und die Wagentür offenließ, um trotz des Arbeitslärms noch etwas zu hören. (Paul kannte den Mann. Er hatte ihn an Abenden in der Osteria getroffen. Ein verwilderter Bursche, der vor wenigen Jahren im Dorf aufgetaucht war. Er hatte unterdessen drei Kinder gezeugt und soff jetzt, wie es hieß, dem Konkurs entgegen.)

28. Februar

»Ein warmer Februar«. Diesen Satz würde er einem alten Einheimischen zugestehen, einem Menschen, der einen siebzig- bis achtzigjährigen Lebenskalender überblickte und der von Februaren etwas verstand. Paul mochte die fertigen Sprachstücke, die hier ausgetauscht wurden. Sie hatten etwas Helles bewahrt oder in sich angesammelt.

Er ging wieder bergwärts. Zu dieser Jahreszeit war, mindestens für ihn, der sich hier oben nicht gut auskannte, nur das Sträßchen von gestern wegsam genug. Es war ein klarer Tag. Das Morgenlicht füllte nicht bloß den Raum zwischen den Bäumen, es hatte deutlich eine Herkunft. Die Sonne »leuchtete ihm auf seinem Weg«, diese ungewohnte Gewißheit stellte sich ein. Der ganze Wald war durch und durch hell bis zum laubbedeckten Boden, der erst recht hell war. Zwischen den Stämmen und Ästen (silbrig die der Buchen und der jungen Kastanien mit der noch glatten Rinde) konnte er die Schneeflecken am jenseitigen Hügel sehen. Dazwischen das Geriesel des blühenden Haselstrauchs und der unglaubliche Glanz auf dem Efeu und der Stechpalme. (Es gab Stechpalmenbäume in der Gegend mit Stämmen so dick wie Oberschenkel. Gab es auch Möbel aus Stechpalmenholz?) Außer den winterharten Blättern fand sich nur wenig Grünes im Wald: an offenen Stellen das erste Gras, dann, unauffällig über den Boden verteilt, die Brombeerblätter des Vorjahres (sofern sie nicht dunkelrot waren), dann die in Polstern versammelten leeren Stengel des Heidelbeerstrauchs und ab und zu ein magerer Wacholder.

Schafe. Als sie das Klopfen seiner Schritte auf dem trockenen Boden hörten, stürzten sie dem Geräusch bis zu einer Wegkante entgegen; in neugieriger Panik flüchteten sie auf ihn zu. Er stand still; sie verharrten in einer Reihe, alle Köpfe ihm zugewandt. Sie schauten ihn an, ohne zu zwinkern und ohne ihn zu fixieren. Eines der Schafe begann zu kauen, und gleich darauf ein zweites und drittes. Es sah aus, als gehöre mehr als ein Paar Augen zusammen. Er ging auf die Tiere zu, und sie wichen seitlich in die Büsche aus. Als dort dann alle gleichzeitig eine plötzliche Bewegung machten, fiel ihm ein, daß er vor einem Augenblick den Kopf heftig geschüttelt hatte, um eine Spannung im Nacken zu lösen.

Über dem Wald, auf einem flacher verlaufenden Wegstück, war der Boden wie von einem Rechen geebnet.
Viele winzige Sprengungen im gefrorenen Sand hatten
die Oberfläche so aufgelockert, daß die Schuhe deutli-
che Spuren hinterließen. Paul spürte Widerstand und
Nachgiebigkeit des Bodens; es fiel ihm auf, daß er die
feine Empfindung an den Schuhsohlen hatte und nicht
an den Füßen. (Beim Schreiben fühlte er die Bewegung
auch an der Bleistiftspitze und beim Brotabschneiden
an der Messerklinge. Wo war die Grenze des Körpers?)
Das Zucken einer Eidechse im trockenen Laub tönte
übertrieben laut. Vögel auf benachbarten Bäumen –
waren es Meisen? – in einem offenen Verband, gesprächig, ohne sich etwas Neues sagen zu müssen. Plötzlich bildeten sie, lärmig wie Kinder, die aus einem
Schulhaus ins Freie laufen, fliegende Rudel. Sie hatten
sich für keine Richtung entschieden; sie bewegten
sich, als wären sie ausgeschickt, würden sich aber auf
halbem Weg dann anders besinnen.
»Non accendere fuochi« stand auf einer zerkratzten
gelben Blechtafel. Vor einigen Jahren hatte ein Wald-
brand an dieser Stelle eine Lichtung in den Abhang
gerissen. Eine verwirrte Alte, hieß es, habe an einem
trockenen Wintertag einen Laubhaufen angezündet,
und da sei es geschehen. Deutschschweizer und Deut-
sche waren unten in einer Lichtung extra angespro-
chen: »Achtung Feuergefahr!« Da die Einheimischen
der deutschen Sprache offenbar weniger zutrauten als
ihrer eigenen, hatten sie auf dieser Tafel eine belehren-
de Grafik beigefügt. Die Flamme eines Zündholzes
griff auf eine Tanne und einen blätterlosen Laubbaum
über.

Paul ging mit gesenktem Blick. Seine Notizen waren die eines Kurzsichtigen. Er sah einen Stein, den ein stolpernder Fuß aus dem Boden getreten hatte und der jetzt, mit dem feuchten Bauch nach oben, neben dem Loch lag, in das er genau hineinpaßte. Dann sah er einen geschieferten Stein, der treppenförmig in zwei Teile gebrochen war. Die beiden sich ergänzenden Stücke lagen nebeneinander: eine starke Aufforderung, sie entweder zusammenzufügen oder ganz zu trennen.

Paul hatte flüchtig aufgeblickt und war erschrocken. Die Klarheit des Berges traf ihn an einer empfindlichen Stelle. Ein Kitzeln in der Nase und mit Tränen in den Augen ging er weiter. Das Zittern, das er im Gesicht und in der Kehle spürte, verging.

Im letzten Wegstück und auf der Alp dann wieder die spätwinterliche Zeit, ein Noch-Nicht, aber wie für immer. Der Berghang hatte keine Erwartung. Er kannte das Geschehen der Jahreszeiten, er war so dicht voll Wissen, daß für Fragen kein Raum blieb.

Unten im Dunst, von niedrigeren Bergzügen teilweise verdeckt, der Luganersee, die mit Straßen und Häusern zugemauerte Ebene und die gepflasterten Hügel: aus Distanz und durch die verschönernde Luftschicht gesehen, nicht der Rede wert. Was wurde nicht mild, wenn man Abstand nahm? Man mußte schon wissen, wie es da unten aussah, und es sich ausdrücklich vor das Gemüt halten, um hier in der Bergluft das Erstikkende solcher Versteinerungen noch zu spüren. Zeugnisse der Lebensfeindlichkeit des Geldes, das sich, wenn es einmal im Wachsen war, über alle Grenzen des organisch Zuträglichen hinaus vermehrte.

Auf dem Rückweg fand er die Stapfen wieder, die er beim Aufstieg in den lockeren Boden getreten hatte. Er dachte sich aus, er gehe seiner Vergangenheit entgegen. Jede frühere Schuhspur lag etwas ferner; um sich selber einzuholen, brauchte er nur rasch genug zu gehen. Eine andere Vorstellung nahm ihn noch stärker in Anspruch, sie wurde für Augenblicke sogar zur deutlichen, nicht schwindelfreien Erwartung: daß er, der talwärts Gehende, sich selber, dem bergwärts Gehenden, hinter der nächsten Wegbiegung entgegenkommen werde.

Bei der Rückkehr ins Dorf die beiden leeren Stühle, die an der Sonnenseite der Kapelle auf einem schneefreien Fleck standen, der eine dem andern schräg zugewandt. Hier war ein ganzes Frauengespräch noch gegenwärtig. Dahinter, im Schatten der Friedhofmauer, das dunkle Schneeband.

1. März

Alte Kastanienstämme, wie Reste von Gemäuern. Die Bäume lebten nur noch in ihrer Rinde. Im Alter zogen sie sich nach außen zurück.
Das Brüllen und Quengeln einer Motorsäge kam von unten durch den laublosen Wald. Er hörte abwechslungsweise die Säge und, sobald ihr Lärm aussetzte, das Pfeifen der Vögel. Ein Vogelruf aus der Nähe, andere aus größerer Entfernung waren aufeinander bezogen und weckten ein vertrautes Raumgefühl. Paul erinnerte sich an Spiele in einem leeren Neubau mit großen Zimmern, Versteckenspiele, bei denen man horchte und wartete, bis jemand auf eine Röhre oder

einen leeren Zementsack trat und sich mit dem Geräusch verriet.

»Ziwitt«. Ein Vogelruf fügte sich unverhofft dem Muster, das er aus Schulbüchern kannte. Der Ruf veränderte sich dabei; er tönte jetzt, als käme er aus einer hölzernen Vogelpfeife. »Ziwitt« war ein deutscher Pfiff. Den Einheimischen sang der Vogel auf italienisch oder sogar in Tessiner Mundart.

Beim Reservoir, wo der Wald an die alte Brandschneise grenzte, lag Schafkot: runde, aus flachen Schichten zusammengesetzte Gebilde, deren Lagen teilweise so ineinander verschoben waren, daß sie wie Zopfgeflechte aussahen.

Eine Fliege mit glänzend grünem Leib. Es war die erste, die er sah. »Was sucht die hier?« dachte er. Zu Anfang war seine Frage allerdings weniger direkt gewesen. Erst beim Aufschreiben bekam sie dann diesen festen, das Geschehen zurechtrückenden Umriß. Verdeutlichen hieß verändern.

Im feuchten Laub, unter dem ein Rinnsal floß, blühte die weiße Pestwurz. Sie war, wie die gelbe Primel, das Leberblümchen, der Haselstrauch, die Weide, ein »Frühblüher«. Was für unbefangen-herrische Zusammenfassungen es gab. »Frühblüher« war ein Wort von oben, aus dem Überblick. Schon der Name »Pestwurz« schien ihm heute gewalttätig genug. Sie hieß so, gleichgültig, ob es diese oder die Geschwisterpflanze war, ob sie erst die länglichen Blätter trieb oder schon Blüten oder bereits Früchte trug. Und der Ort, an dem er sich eben befand, hieß Pirocca, zu jeder Jahreszeit, bei Tag und Nacht und bei jedem Wetter. Paul dachte sich eine Sprache, die diesen Berghang verschieden benannte, je nachdem, ob man bergwärts oder talwärts durchging.

Der Wald seiner Kindheit. Eine Parzelle nach der andern hatte man dort unterdessen abgeholzt und frisch aufgeforstet. Vor dem offenen Holzhaus am Weiher war jetzt eine Feuerstelle, mit Steinen dauerhaft eingefaßt, und allerlei Spielgerät für Kinder. Der Wald hieß noch immer gleich, obwohl sich seither alles, außer einem Stück Weg und einer Bucht mit ein paar alten Bäumen, verändert hatte. (Die Veränderung ärgerte ihn. Denn aus jenem Wald, in dem er sich als Kind immer wieder aufgehalten hatte, eigensinnig und stundenlang, meinte er herzukommen.) Der Name des Waldes bezeichnete heute das wenige, das geblieben war: nicht viel mehr als die Lage des Ortes in bezug auf benachbarte Orte.
Die Sprache beschrieb das Bleibende. Sie hielt fest; sie ließ die Dinge verläßlich erscheinen und entdeckte Regelmäßigkeiten noch im wildesten Wandel: Weihnachten und Ostern. Gleich dahinter aber stand, nicht einmal notdürftig verdeckt, die unsägliche Veränderlichkeit. Er kannte sie; mit aufgerissenen Augen hatte er sie angeschaut und ging jetzt mit Wörtern wie mit Fäusten auf sie los; und er kannte sie gleichzeitig nicht; er sah sie so wenig wie einer den Brei riecht, in dem sein Kopf drinsteckt. Jetzt suchte er den richtigen Abstand.
Abstand, auch Menschen gegenüber. Hier war es viel schwieriger, das Richtige zu finden, und vielleicht aussichtsreicher. Man konnte ja verhängnisvoll genau zusammenpassen, und nichts geschah, man konnte aber auch im andern eine Wirklichkeit antreffen, die

vorher nicht auszumalen und vorzustellen gewesen war.

Paul dachte an Katrin, ihre Stimme am Telefon gestern abend. Die Wörter und Sätze waren einzeln und mit klaren Umrissen aus dem Hörer gekommen, durch und durch summende waren darunter gewesen. Paul hatte nach dem Gespräch ein warmes Gesicht gehabt.

Zweiter Aufenthalt
Der Wachsamste träumt am tiefsten

Er hatte sich entschlossen, weiterhin auf seinem alten
Weg zu gehen. Er hatte sich auf ihn gefreut wie auf das
Wiedersehen mit einem Kind, zu dem man sagen wird,
es sei größer geworden.
Nach seiner Ankunft, noch am selben Abend, stieg er
ein Stück durch den Wald hinauf. Er war überrascht:
weit und breit kein »Größerwerden«. Während seiner
Abwesenheit mußte es hier sehr kalt gewesen und es
mußte auch Schnee gefallen sein. Die Kastanienblätter
lagen zu Pappe gepreßt dicht am Boden; der Schafkot
war in der Nässe formlos geworden.
Er spürte die Luft an der Stirn; sie berührte ihn anders
als sonst. Auch das Licht, das durch dünne Wolken
von der Seite hereinfloß, war neu, wie Licht unter
Wasser. Die Sonne stand jetzt hinter dem Berg und
schickte einen Streifen Helligkeit in den Dunst vor
dem dunklen Hügel, ein schräges blaues Band.
Paul hatte sich an ein trockenes Bord gesetzt und
blickte hinüber, bis er zu frieren anfing. Er fror
plötzlich, obwohl die Kühle nicht plötzlich eingetre-
ten war. Hatte er sie vorher gespürt? Er erinnerte sich
jetzt deutlich an eine frühere Kühle; erinnern aber
konnte er sich nur, wenn er sie – ohne sich ausdrücklich damit zu beschäftigen – vorher schon wahrge-
nommen hatte. An eine Wahrnehmung allerdings
erinnerte er sich nicht. Vieles, worauf er aufmerksam
wurde, hatte so seine Entstehungsgeschichte, rätsel-
haft wie sein Leib, mit dunklen Anfängen. Es erschien

unauffällig, verschwommen am Rand des Gesichtsfelds, zeigte sich bloß im Vorbeigehen, und auf einmal, es konnte lange dauern bis dahin, stand es mitten vor seinem Blick.

Auf dem Rückweg sah er im eingezäunten Park der »Colónia Climatica Estiva Luganese« die Strünke frisch gefällter Kastanien. Die glatten Flächen leuchteten in der Dämmerung. Stangen und Latten eines Baugespanns umrissen im Hain durchsichtiges Haus, das merkwürdig wirklich aussah.

29. März

Nebel und Nieselregen. Alles war weich ringsherum, der Boden, das Licht und die Luft. Hätte er nicht gewußt, daß der Regen von oben kommt, er hätte ihm jede Herkunft zugemutet.

An Zweigen hingen Tropfen regelmäßig aufgereiht, als wollten sie etwas damit; dabei machten sie nur aufmerksam auf die Ordnung der Astansätze und Knospen. Die Tropfen hatten ein überraschendes Licht. Es schien nicht aus dem Nebel, sondern anderswoher zu kommen, oder es war hier aus helleren Tagen aufbewahrt.

Paul freute sich an jedem Schritt. Er trug neue Stiefel, die er im italienischen Ponte Tresa auf dem Samstagsmarkt gekauft hatte: Gummistiefel aus der Tschechei, militärisch grün und mit einer Schnürung, die auf zivile Art kompliziert war.

Die sinnlichen Formen der Buchen. Verschlungene und ineinander verwachsene Äste und Wurzeln, schimmernd vor Feuchtigkeit, wie in langen Umarmungen, von denen man nicht wußte, fanden sie immer noch statt oder verharrten sie bloß in einer lange schon vergessenen Gegenwart. Auch die feinen Wellen und Runzeln am Stamm schienen von einer alten Erregung zu kommen, die vielleicht noch lebendig war. Er dachte an erotische Zeichnungen, die er in italienischen Comic-Heften gesehen hatte. Die Buchen kamen ihm dabei viel fleischlicher vor als jene Sammlungen offener Münder, erregter Geschlechtsteile und verkrampft zupackender Hände.

Was hieß das, wenn er sagte »die Äste krümmen sich«, »breiten sich aus«, »strecken sich«? Geschah das jetzt, dieses Krümmen, oder war es irgendwann geschehen? Die Frage selbst schien irreführend. Vergangenheit und Gegenwart hatten hier offensichtlich einen anderen Sinn.

Das war rasch gesagt und schien richtig. Doch dann dachte er an Antonella, die mit ihrer Mutter zusammen die Osteria führte: Sie hatte ihre schönen, stark geschminkten Augen weit geöffnet wie in einem Kinderschreck. Dieser Schreck war gegenwärtig, man konnte ihn sehen, und gleichzeitig schien er für immer vergessen, zurückgelassen in diesem Gesicht. – Wie alt war Antonella?

Der Nebel vereinfachte die Landschaft und machte die Formen der Kastanienbäume lesbar wie eine Schrift. Das Gefüge der Äste bildete Muster, wie man sie auch, säulenartig verengt, in alter Rinde erkennen konnte. Paul dachte an die Reliefzeichnung, die im Kamin an der Schnittfläche des brennenden Kastanienholzes erschien. Die Prägung wurde im Feuer zunehmend schärfer und war am klarsten, kurz bevor das Holz zerfiel. – Was er hier vorfand, war nicht nur die Variation eines Ornaments, es war der Ausdruck einer überzeugenden Möglichkeit, den Wald zu bewohnen.

Paul hatte lange ein Bimmeln gehört und stand dann unvermittelt vor Schafen. »Nebeltiere«. Es waren »seine« Schafe. Er zählte sie sogar flüchtig, um sicher zu sein. Gleichzeitig erschrak er über so viel Vertrautheit. Wie rasch das ging!
Die alten Kastanienbäume mit der zerklüfteten Rinde, aus der glatte, unverschämt lebendige junge Äste wuchsen. Die Verwandtschaft mit dem alten Holz war nur an der Berührung beider zu erkennen, daran, daß das eine Holz an Knoten und Wulsten des andern entsprang. Der Baum trieb etwas aus sich heraus, das nicht mehr er selber war. Hatte Wachstum mit Schmerz und Entfremdung zu tun?

Die gerichtliche Trennung von seiner Frau hatte in einem großen Gebäude stattgefunden, das Ernst und Aufwand zeigte. Es war im Winter gewesen, morgens um acht. Mafalda hatte ihn zusammen mit ihrem Anwalt auf einer Bank in der Halle erwartet. Der rauschende Brunnen, die üppigen Gewächse, die Beleuchtung im gedeckten Innenhof entsprachen dem Bild, das man sich von einem Palazzo macht. Alles verführte dazu, auch das Geschehen, das sie beide betraf, unwirklich zu finden. Der Anwalt hielt eine Tasche auf den Knien und war seiner Klientin mit übereinandergeschlagenen Beinen halb zugewandt. Im Büro, in dem dann die Verhandlung stattfand, brannte Neonlicht. Tische, Stühle, Aktenschränke und Pulte standen herum, als habe man sich hier – wie für eine militärische Übung – nur vorübergehend eingerichtet.

Pauls Körper war naß von Schweiß; Dampf füllte den Raum zwischen Haut und Hemd. Am Kragen, wo der Schweiß und die Waldluft sich trafen, spürte er bei jeder Bewegung eine Kälte, die wie ein Schnitt um die Kehle lief. Die Brillengläser hatten sich beschlagen. Das Abwischen lohnte sich nicht; er hätte bloß den Nebel jenseits der Brille deutlicher gesehen.

Unterhalb des Weges, am Fuß der Böschung, konnte man die Biegung eines alten Pfades erkennen. Er verlief in einer Rinne, die von Felsstücken, Erde und kleinen Stämmchen, dem Bauschutt des kürzlich angelegten Sträßchens, halb verschüttet war. Über eine längere Strecke blieb er dann unter dem Schotter des neuen Fahrwegs verborgen und zweigte schließlich überraschend nach oben ins Jungholz.
Paul war dem alten Pfad, der sich jeder Krümmung der Berglehne angeschmiegt hatte, ein Stück weit gefolgt. Er wollte eine andere Bewegung, ein anderes Zeitmaß, den Klang eines anderen Bodens erproben. Bevor er mehr spürte als die notdürftige Bestätigung einer alten Ansicht über Wege, geriet er ins Dickicht. Ein Gefühl aber war deutlich: Der Pfad zerfiel eben jetzt; Paul war genau in dem Augenblick anwesend, wo der Zerfall, das lange vorbereitete Ereignis, geschah. Einwände ließ er, solange dieses Jetzt-Gefühl währte, nicht ausreden.
Übertreibungen. Sobald er sich vorbehaltlos auf etwas einließ, wurde an diesem Gegenüber seine ganze Verrücktheit lebendig.

Trockener Geißbart des Vorjahres, dünne Stengel, noch immer aufrecht, mit unversehrten, an Hirse erinnernden Fruchtständen. Dann die waagrecht gehaltenen Äste einer jungen Lärche.

Das Auftauen des Bodens hatte zu kleineren und größeren Erdrutschen geführt, vor allem am oberen Straßenbord, wo die schützende Vegetation noch fehlte. Unter dunklem Laub floß ein Rinnsal hervor. Überhängenden Halmen und Ästchen folgend, teilte es sich in viele Wasserschnüre auf, die das spiegelnde Licht in die Tiefe mitnahmen.

Der ganze Berggrat war verschneit und weggerückt. Aus den Schluchten des Poncione kam das Geräusch des Schmelzwassers zusammen mit seinem felsigen Echo herüber. Die weißen Flächen, hier großporig, dort wie Wasser gekräuselt, verdeckten den Ginster, der sich vor einem Monat an dieser Stelle plötzlich erhoben hatte. Der Schnee war stellenweise so tief, daß Paul bis zur Mitte der Oberschenkel einsank.

So also sah die Gegend aus, die er als Vorlage für seine Nachschrift ausgesucht hatte. Warum nicht Zürich, wo er jetzt wohnte, oder irgendein anderer Ort? Mafalda, sie war Tessinerin, besaß hier ein selten benütztes Haus, geräumig und ruhig, geeignet für Schreibarbeiten. Das Haus erinnerte an sie, und, obwohl man den Weg zur Alp nie gemeinsam gegangen war, auch die Landschaft. Er ging, um zu merken, wo er stand. Was hieß es, wenn er ausgerechnet hier, im halbwegs Vertrauten, einen neuen Standort suchte? Kam er hierher, um Abschied zu nehmen? Wie neu konnte überhaupt ein Standort sein?

Was er sicher wußte, war dies: die Landschaft hatte zu ihm die richtige Nähe und Ferne. Vier Stunden Fahrt brauchte er, um sie anzutreffen. Er redete sie in einer Sprache an, mit der er hier – im Winter mindestens – allein war. Seine Sprache zeigte in dieser Gegend ihre fremdeste Seite.

Vögel sangen wie Zikaden, hell und ohne Unterbruch. Von Felssimsen herabhängende Grasbüschel erinnerten ihn an langhaarige Affen. Solche Einfälle brachten ihm weder das Gras noch die Affen näher. Paul war traurig, genau das und nichts weiter.

Antonella nannte ihre Traurigkeit »die Melancholie«. Die Osteria war fast leer gewesen, und die taube Alte am Kaminfeuer hatte ihnen den Rücken zugewandt, als Antonella sagte: »Ich habe in diesen Wochen die Melancholie.« Obwohl sie sich Paul damit anvertraute, blickten ihre weiten, schwarz geränderten Augen an die Wand hinter ihm. Sie hatte ihre Hände dicht am Bauch zwischen die beiden Schenkel gepreßt; der Stoff ihres weiten Kleides lief in gespannten Falten in diese Grube hinein und ließ die Rundung des Bauches hervortreten. – Antonella war achtundreißig Jahre alt.
Paul schätzte den Abstand in ihren Gesprächen, der jeden davor bewahrte, sich mit dem andern zu verwechseln. Der andere war ein Lebewesen wie man selber, und anders als man selber. Verständigung entstand gerade da – Paul war glücklich, ihren Ursprung zu erleben – wo es Trennendes gab. Das wurde ihm deutlich im Gespräch mit der tauben Alten, Antonellas Tante. Sie las das armselige Italienisch von

seinen Deutschschweizerlippen, und er versuchte ihre beflissen geformten Laute zu erfassen. Da sie den Ton ihrer Stimme nicht selber hörte, blieb er ausdruckslos, ein Lautmaterial, das den Bedeutungen keine Farbe verlieh. Die Bewegungen des Mundes und der Hände aber waren vielfältig und klangvoll.

30. März

Palmsonntag. Klares warmes Wetter; ein leichter Ostwind. Die Dunkelheit der Schatten an diesem hellen Tag.

Der erste blühende Erdbeerstrauch und, auf einem sonnigen Stein, die ersten Hundsveilchen. Man fing tatsächlich Jahr für Jahr neu zu zählen an: die ersten Kirschen, der erste Schnee.

Unter einem Felsen braunes und grünes Moos, farbig wie die Natur in tropischen Meeren, die Paul nur aus Zeitschriften und vom Kino her kannte.

Ein längliches Holzstück lag quer über einem Stein. Ein Zeichen? Die ungewöhnliche Lage der beiden Dinge gab ihnen besondere Bedeutung, hob sie von der Umgebung ab, schien etwas sagen zu wollen. Auch der Vogelruf war ein Signal. Das Geräusch des Windes im dürren Laub dieser jungen Eiche dagegen war keines. Als Paul aber länger auf das Blätterrascheln horchte, wurde es, nach einer plötzlichen Wendung, zu einer Botschaft, gleichzeitig zerfiel der Vogelruf zum trügerischen Laut, der bloß vorspiegelte, etwas zu meinen. (So ging es ihm dann und wann auch mit Äußerungen tierischen und pflanzlichen Scharfsinns. Die Fliegenfalle in der Blüte des Aronstabs war ein Beispiel. Er mißtraute plötzlich der Durchsichtigkeit solcher Mechanismen, hielt sie für die letzte List der Natur: indem sie vorgab, ihr Geschehen sei erklärbar, entzog sie sich nur um so entschiedener.)

Am Morgen hatte Paul zum erstenmal den Gottesdienst in der Dorfkirche besucht. Er war bei der Tür stehengeblieben. In den Bänken saßen fast nur Frauen. Sie hatten ihre Köpfe mit dunklen Tüchern bedeckt; eine von ihnen trug ein farbiges Tuch, auf dem neben einem gelben Pokal der Name eines Fußballclubs zu lesen war.
Der Siegrist verteilte gesegnete Ölzweige. (In jeder Küche hatte das Laub einen Platz über dem Bild des Papstes.) Eine Frau, die wie die andern schon viel Grünes und Sperriges auf dem Schoß hielt, streckte noch einmal die Hand aus. Der Siegrist war unschlüssig; er wandte sich für einen Augenblick sogar ab, dann aber schob er ihr mit einer heftigen Bewegung alle Zweige hin, die er bei sich hatte. Die Frau zog sie auf ihre Knie, ohne den Blick vom Altar abzuwenden.
Der Siegrist ging hinaus und kam mit neuen Zweigen zurück. Die Frauen zögerten, und er wußte nicht, wem er noch davon geben sollte. Einzelne griffen dann aufs Geratewohl – sie dachten vielleicht auch an Kinder und Enkel – nach dem angebotenen Laub. Der Siegrist hatte noch nicht alle Zweige verteilt, als ein Gehilfe, ein schwerfälliger Junge, mit einem weiteren graugrünen Bündel dazukam. Er wurde sofort weggeschickt.
Während der Predigt sah man den Siegristen mit Ölzweigen hinter dem Altar durchgehen und ohne Zweige zurückkehren.

31

Die Schläge dreier Glocken kamen jetzt aus dem Tal. Sie fielen unregelmäßig wie Wasser, das nach dem Regen von den Bäumen tropft. Paul kehrte um. Am gegenüberliegenden Abhang stand jede Buche in einem runden, schneefreien Fleck, hatte ihr eigenes Stück aperen Boden.

31. März

Die Knospen des Heidelbeerstrauchs waren größer geworden. Junge, hellgrün und rötliche Laubspitzen am Haselstrauch. »Das erste Laub«. Oder waren die Holunderblätter eher dagewesen? Bald würde das Grün nicht mehr aufzuhalten sein. Es würde hervorstürzen, von einem Moment zum andern, daß einem Hören und Sehen verging. Auch am Boden bereitete es sich vor. Paul bemerkte staunend, wie allgegenwärtig das Unauffällige schon war: hier Grasspitzen und junger Hahnenfuß, dort Sauerklee, Sauerampfer und Stinkender Storchenschnabel.

Was tat er hier? War er als Landschaftswärter bestellt? Er wollte dabeisein, wenn die Natur geschah. Keine Pflanze sollte an ihm vorüberwachsen ohne ein Losungswort. Paul, horchend und äugend, regte sich nicht, damit ihm keine Regung entging. Gerade dadurch aber entzog sich ihm spürbar alles Lebendige. Er versuchte die Vegetation und sich selber in Ruhe zu lassen. »Komm«, sagte er, »es fängt sowieso gleich zu regnen an.«

Das Allmähliche und das Plötzliche. Der unverhoffte Anblick von frischem, glänzendem Ziegenkot.

Paul sah, zur Alp hinaufblickend, deutlich die Gestalt eines Mannes auf der Schneefläche zwischen dem Ginster. »Ein Verrückter«, fiel ihm ein. Wer war verrückt? Einer, der, wie er selber, im Vorfrühling einen Berg bestieg? Der andere bewegte sich talwärts; sie gingen einander entgegen und an einer schmalen Stelle schließlich aneinander vorbei. Obwohl jeder dem andern den Deutschschweizer ansah, grüßten sie sich mit »Buon giorno«. Landsleute konnten besonders eindringlich fremd sein.

Wie war die Nähe der Hiesigen zu verstehen? Gestern hatten sie in der Osteria über die Veränderungen der letzten Jahre geredet, über das Zuwachsen der Alpweiden und jener grasigen Terrassen am Weg, bei denen man früher im Aufstieg mit den Tieren Halt gemacht hatte. »Früher war es dort oben so sauber«, sagte Giovann, der Alte mit der Papiermütze, und zeigte zwischen seinen Knien hinab auf die glänzenden Bodenplatten. (Giovann trug fast immer eine Mütze, die aus einem Papiersack gefaltet war: seitlich auf den Kopfumfang verengt, über der Stirn und am Hinterkopf zu einem Wulst umgeschlagen, auf dem Scheitel vertieft.)

Paul hatte ein Buch mit Bildern aus der Tessiner Vergangenheit mitgebracht, um es Giovann zu zeigen. (Die alten Fotografien drängten zum Vergleich mit der Gegenwart. Unfaßbar war für den Betrachter, daß eine so radikale Veränderung, eine Verstümmelung von Landschaften und Lebensformen, in wenigen Jahrzehnten hatte stattfinden können.) Giovann zog das Buch wie etwas Zerbrechliches sehr behutsam an seinen Bauch heran. Zum Umblättern brauchte er beide Hände. Einmal war es die linke, ein anderes Mal die rechte, die das Blatt nach mehreren Versuchen zuerst zu fassen bekam. Beim Umwenden geriet dann die eine Hand der anderen oft in die Quere.

Paul hatte sich auch nach Flurnamen erkundigt. Zusammen mit Antonella hatte er eine Karte der Region studiert, stehend, um das magere Licht der Deckenlampe besser zu nützen. (Antonellas Nähe und ihr Geruch; das älter werdende Parfüm einer Seife und der klare Duft von frischem Schweiß. Paul spürte deutlich die Wärme ihres Körpers. Er freute sich dieser Gegenwart.) Ihr lackierter Fingernagel fuhr den Tälern und Berggraten entlang. Sie war erstaunt, vertraute Namen hier gedruckt zu finden, und bildete zögernd die umgangssprachlichen Laute. Giovann, der noch immer im Buch herumblätterte, horchte bei jedem Namen auf, wiederholte ihn und nickte dazu.

Dritter Aufenthalt
Unter anderem Wolken und Wind

18. April

Paul hatte sich die Gegend ganz grün vorgestellt. So weit war es aber noch nicht. Die junge Farbe der Birken, Lärchen und Haselsträucher drang erst durch Ritzen in den Wald hinein und befiel ihn von oben, aus der Luft. Wenn man sich das »Sprießen« aus der Nähe ansah, konnte man verschiedene Bewegungen unterscheiden: das fächerartige Öffnen des Hasellaubs, das seitliche Ausrollen der Heidelbeerblätter, das sternförmige Entfalten der Weidenzweige, die im Wachsen Blatt um Blatt freigaben. Dann die komplizierte Entwicklung des mehrfach gefiederten Adlerfarns. Die neuen Triebe der Brombeerstauden wuchsen aus den Achseln vorjähriger Stiele, die noch rötliche Blätter trugen.

Paul erinnerte sich an Roßkastanienzweige auf einem Lehrerpult. Die Knospen hatten sich in der Wärme des Schulraums vorzeitig geöffnet. Das Unglaubwürdige des Geschehens; der große Aufwand dieser Pflanze nur wegen einer Lehrerin. Das war Natur für die Schule gewesen. Noch jetzt wurde Paul mißtrauisch, wenn er Kastanienknospen sah.

Die ganze schöne, unnötige Vielfalt der Vegetation. Das wucherte weit über jedes vernünftige Weltbild hinaus. Und daß das alles immer wieder von vorne anfing, ohne Abnützung, und daß man da als einer mitten hindurchging, der einmal nirgendwo mehr gehen würde. Wenn man den freundlichen Überfluß am Volumen eines Menschenlebens maß, ergab sich kein Sinn.

Warum wuchs überhaupt so viel und so viel Verschiedenes? Paul dachte sich eine Vegetation wie auf Kinderzeichnungen: Apfelbäume und Fliegenpilze, sonst nichts.

Er versuchte der Vielfalt Herr zu werden. Er erstellte Listen der eben blühenden Pflanzen: Erdbeer- und Heidelbeerstrauch, Sauerklee, Huflattich, Lungenkraut, Pestwurz, Ehrenpreis, Ackerstiefmütterchen, Hundsveilchen, Fingerkraut, Zwergbuchs. (Die namenlosen Pflanzen – zum Beispiel eine mit großen nesselartigen Blättern, die er nicht bestimmen konnte, weil sie noch keine Blüten trug – waren anders anwesend als die alten Bekannten.)

Die Vielfalt menschlicher Gesichter und ihre veränderliche Mimik bedrängten ihn auf andere Weise. Gestern in der Osteria hatte er auf einmal genug gehabt. Jeder war anders als der andere und selbst im Schweigen noch überaus gesprächig. Was sollte all der beredte Ausdruck? Viel lieber war ihm da der weiche Lichtreflex in seinem Kaffeelöffel gewesen.

Dann war, das hatte er dennoch nicht überhört, von einer jungen Frau berichtet worden, die ein verwachsenes Kind zur Welt gebracht hatte. Man sprach von einem alten Fluch. Ein kinderloser Nachbar hatte die Frau in ihrer frühen Jugend verwünscht. Die Schuld trug der Vater der Frau; er hatte den Nachbarn betrogen. »La povera«, hieß es nun, »sie hat es bei Gott nicht verdient.« Daß man mit der Wirkung von Flüchen immer noch rechnen konnte, war aber tröstlich, schien sogar die Hauptsache zu sein.

Paul traf unvermittelt wieder die Schafe, an derselben
Stelle des Weges, wieder aufgereiht und ihm zugewandt,
als sei keine Zeit vergangen. Diesmal war er verärgert. Er
war auf Veränderungen aus und traf nun das Beweglich-
ste, die Tiere, festgehalten wie auf einem alten Stich.
Wenn man die Tiere als besonders beweglich betrach-
tete, war das nicht mehr als eine Sehweise. Die Pflanzen hatten ihre eigene Art sich zu bewegen. Sie glichen
einander nicht wie die Schafe; sie veränderten sich mit
dem Licht, dem sie sich zuwandten, mit dem Wind,
dem Boden, der Nachbarschaft anderer Pflanzen. Sie
waren Bewahrer und Erneuerer von Bewegung, behielten die Krümmung des Astes, die Drehung des
Stamms und wiederholten das Wachsen und Welken
von Blättern, Blüten und Früchten. (Ein fluchbelade-
nes Kind fände unter den Pflanzen mehr Spielraum für
sein schiefes Wachstum.) Paul versuchte sich vorzustellen, wie die Beweglichkeit der Menschen aus der
Sicht der Pflanzen aussehen mußte: ein außer Rand
und Band geratenes Wachstum war es, das vergessen
hatte, woher es kam, etwas erschreckend Beliebiges.
Paul trieb die Schafe ein Stück vor sich her. Ihre
Rücken hoben und senkten sich nebeneinander wie die
von Kühen in Cowboyfilmen. Um ihm auszuwei-
chen, kletterten sie an der Böschung empor, stießen
die trächtigen Leiber bergwärts mit dünnen Beinen.
Nach ein paar Sprüngen blieben sie stehen, die Flanken vom Atem heftig bewegt.

Über dem Wald war der Boden warm wie eine Hand-
fläche. Wenn er stillstand, spürte er die aufsteigende
Wärme, roch ihren Duft, und gleichzeitig hatte er eine
kühle Brise im feuchten Gesicht.

Das doppelte Erschrecken, wenn er Eidechsen auf-
scheuchte: Sein Schritt alarmierte die Tiere, ihr hefti-
ges Rascheln im dürren Laub ließ ihn zusammenfah-
ren. Aus den Stauden über der Straße kam dann ein
länger dauerndes, sanftes Geräusch. Ein grauer
Schlangenleib, von dem nur ein Teil in einer Lücke
sichtbar wurde, glitt vorbei.

Ein schattiges Wegstück war zum erstenmal schneefrei. Nur vereinzelte schmutzige Häufchen mit spit-
zem Grat waren zurückgeblieben, luftig und starr wie
Styropor. In einer Schlucht lösten sich abgespaltene
Felsstücke. Ihre Aufschläge knallten herüber wie Ge-
wehrschüsse. Paul fantasierte, angeregt durch das
vielfache Echo, unbestimmte Bilder zu einem trauri-
gen Wildererschicksal. Ein Mann in einem alten Mili-
tärmantel, der sich, von Gendarmen verfolgt, in einem
Felsen verstieg.

Die Sonne war lange schon hinter dem Poncione – sie
hatte etwas Dämmerung im Dunst des Talkessels
zurückgelassen –, als hoch oben ein Flugzeug erschien, ein einziger Gegenstand in vollem, goldenem
Licht. Menschen mit Weitblick saßen darin wie in
Prospekten von Fluggesellschaften, Damen und Herren aus Plastik, mit normaler Verdauung und funktio-
nierenden Geschlechtsorganen.

19. April
Wolkenkränze und Wolkenstühle wie auf Votivbil-
dern, Orte für erdwärts blickende Madonnen.
Wenn dieser Weg etwas für ihn tun konnte, dann war

es dies: ihm ein wenig Voreiligkeit abgewöhnen und ein wenig Langeweile gewähren.

Eine gestaltlose Decke über den südlichen und westlichen Hügeln, helle Schlieren vor dunkleren Flächen; im Norden und Osten dagegen ein blanker blauer Himmel. Aus der unbestimmten Masse lösten sich Teile, die als Klumpen mit leuchtendem Saum ins Blaue fuhren und dort schließlich spurlos verschwanden. Ihre Umrisse wurden kompliziert, löcherig, faserig, erhielten Ohren, Arme und Rüssel, bevor sie wie Gischt in ihre Auflösung trieben.
Der Wandel, der senkrecht über Pauls Scheitel stattfand, war doppelsinnig: man konnte das Entstehende, das Blau des Himmels, das sich breitmachte, in seiner Bewegung begleiten, oder aber das Vergehende, die Wolken. Der Wechsel von einer Sehweise zur andern erzeugte ein Schwindelgefühl.
Einzelne Wolken kamen von Südwesten herauf wie Tiere, die sich verlaufen haben. Die Leitwolke zerfiel sehr rasch. Die anderen folgten ihr getrost, mit immer stärker zerzaustem Fell, als ginge es einzig darum, daß wenigstens eine von ihnen die Überfahrt von Horizont zu Horizont überstand.
Zur Verwandlung gehöre Vernichtung, hatte Paul sagen gehört und sagte er selber: die verschwundenen Wolken waren in trocknerer Luft gut aufgehoben. Er ärgerte sich über die heitere Zuversicht solcher Vorstellungen, die aus dem bloßen Überblick kamen. So ließ sich auch Melancholie, Angst und Krankheit, alles »Nichtige«, als Zwischenstufe denken, als Nicht-

mehr und Noch-nicht. Eine arrogante Leugnung der Qual zerstörten Lebens, eine Verachtung jenes Leidens, das zu keiner Verwandlung führte, das keinen Zugang zu einer »höheren Ordnung« fand.
Gerade für solche Betrachtungen war der heutige Tag, der Sonntag, eingerichtet.

Wer unten im Dorf ein neues Haus besaß (das waren wenige, weitere kamen allmählich dazu), der stand nun mit seinem Sonntagsbesuch, einem befreundeten Paar, im Gärtchen wie in einem Käfig, zündete sich im Gespräch eine Zigarette an, überlegte, wo er das Streichholz hinwerfen sollte, und war zwischen Osterglocken und Hyazinthen mit einem oder zwei Kindern in Sonntagskleidern beschäftigt. Ein Junge griff jetzt vielleicht nach dem Stiel des alten Holzrechens, der an der grob verputzten, mit der Maurerkelle arkadenförmig modellierten Hauswand angebracht war, und erfuhr, der Rechen sei nicht zum Anfassen bestimmt.

Die behaarten Spiralen des jungen Farns waren rund und weich. Paul ging behutsam daran vorbei, als gäbe es da etwas zu stören. (Zum Farn wäre viel zu sagen gewesen. Doch ihm fiel jetzt nicht mehr ein als das: daß da viel wäre.)
Über manches, was ihm begegnete, war er heute verwundert, etwa darüber, daß jeder Stein, jedes Blatt, jedes Holzstück auf dem Weg einen Schatten in seiner Obhut hatte. Der Anschein des Selbstverständlichen, der den Betrachter schonte, war den Dingen wieder einmal abhanden gekommen.

Der Wind riß ihn an den Haaren. Mit dem Geräusch
eines Schnellzugs kam er oben über den Grat herein
und griff weiter aus, wurde voller. Die Orchestrierung
war reich: dunkle Geräusche in den unbelaubten
Ästen der alten Buchen, helle in den dürren Blättern
junger Bäume, Klappern in den steifen Himbeersten-
geln. Die Erregung lief von einem Busch zum benachbarten, und hatte sie den dritten oder vierten erreicht,
so schwieg der erste schon wieder.
Blätter, heftig über Felsen hinausgestoßen, schwebten
Augenblicke später ruhig im Aufwind des Tals. Dann
glitten sie schräg nach unten oder kippten und zappelten, haltlos, da sie nicht stürzen konnten. Entschie-
denheit war ein Geschenk der Schwerkraft.

Eine Smaragdeidechse auf dem Weg, reglos, noch halb
in der Winterstarre oder in der Bise wieder steif
geworden. Bei seinem Näherkommen floh sie nicht.
Sie verharrte mitten in einem Schritt, in einer doppel-
ten Wendung des hellgrün getupften Körpers, mit
hochgestellten Beingelenken. Erst nach längerem
Hinschauen meinte er dem Körper entlang die feine
Bewegung des Atems zu sehen. Deutlich dann ein
Schlagen am blaugrünen Hals, das auftrat und wieder
ausblieb.

Wanderer in farbigen Windjacken gingen in einer
langen Kolonne, sprechend und lachend unter dem
Poncione. Ihre Stimmen klangen wie Tierlaute, wie
das Gurren von Tauben.

21. April

Über dem Olivgrün der Lärchensprosse und dem Braunlila der knospenden Buchen auf der andern Talseite bewegten sich Wolkenschatten. Benennbares, wie Bäume und Felsen, wurde von Formen verdeckt und verzerrt, die namenlos waren. (Nur weit entfernte Wolkengestalten ließen sich notdürftig bezeichnen: als vielfach verschnürtes Gepäck, als Meerschweinchen, als weißes Hemd auf blauem Teppich.) Einzelheiten der Landschaft wurden so rasch aufgedeckt und verdunkelt, daß der Blick keinen Halt fand. Halbe Umrisse und wechselnde Farben. Die Bedeutungen liefen hinter dem Geschehen her wie Verspätete hinter wegfahrenden Zügen.

Eine große Wolke, sie hatte sich eben vor die Sonne geschoben, erschien jetzt viel dunkler. Ein Passionsspiel am Himmel. Paul dachte über die unauffällige und tiefe Wirkung von Licht und Schatten nach und darüber, daß es Menschen gab, die sich Neonlicht gefallen ließen. In einer solchen diffusen Beleuchtung wurde sein Gemüt flach wie eine Spanplatte; Appetit und Neugier blieben weg.

Paul erschrak, als das Erwartete eintrat: er fand die Smaragdeidechse wieder, fast an der gleichen Stelle, an der er sie gestern getroffen hatte.

Beim Abstieg durch den Wald die helle Taube, die zwischen den Stämmen auf mittlerer Höhe mit schwirrenden und klatschenden Flügeln einen Bogen beschrieb. Bewegung und Geräusch machten das Gesichtsfeld bewohnbar. Räume entstanden. Es gab Vögel, wie die Krähen oder Bussarde, die mit ihrem Flug Öffnungen nach oben herstellten, andere schufen nur Beziehungen zwischen benachbarten Bäumen.

Raum und Sinn ergaben sich auch im Gehen. Das bewegliche Spiel von Erwartung und Erfüllung. Die unterschiedlichen Spielregeln, je nachdem, ob er ungeduldig vorwärtsdrängte oder einfach vor sich hinging.

Vierter Aufenthalt
Das hinreißende Spiel der Kulisse

Im Kastanienwald war es immer noch hell; erst die untersten Äste trugen glänzende, längliche Blätter. In vollem Laub standen Buchen, Birken und Haselsträucher. Der Blick in die Weite fand nachgiebigen Widerstand, der Blick nach oben blieb frei. Aus dem offenen Himmel kam das Licht wie in einen Brunnen herein; es schien sogar langsam zu fließen. Die namenlose Pflanze mit den nesselförmigen Blättern war üppiger geworden.

Die kräftige Zuversicht des Farnkrautes, das sich von unten und innen her entrollte. Wachstum als Loslassen. Dieses Leben hatte einen Sinn, keine Frage. Es genügte, sich zu strecken, in wechselndem Wetter dazusein, Sporen zu bilden, zu verdorren. Jede Bewegung darüber hinaus zerstörte den Sinn, den sie suchte.

Der Farn konnte zuweilen auch fremd erscheinen, eine verspätete Pflanze aus früheren Erdzeitaltern. Paul begegnete ihr in solchen Augenblicken mit einer Art von Respekt wie einem freundlichen Ausländer.

Die Fremdheit der Robinie, der »falschen Akazie«, war eine andere. Hätte er nicht gewußt, daß die Pflanze aus Amerika stammt, wäre es ihm dann leichter gefallen, ihr einen Platz einzuräumen in dieser Vegetation? Hatten Pflanzenwelten eine Physiognomie, die erkennen ließ, was dazugehörte und was fremd, »eingeschleppt« war?

44

Auf dem Platz beim Reservoir lag der Ziegenkot stellenweise so dicht wie Kies auf einem Kiesweg und, darüber verstreut, weiße Kirschblütenblätter.

Das Fingerkraut blühte, das Kreuzlabkraut, Günsel und Ehrenpreis, Frauenmantel und weiter oben der Baldrian. Die Pestwurz hatte an kräftigen Stielen, die aus spargelartigen Stengeln wuchsen, Köpfchen mit weißen Samenhaaren gebildet. Paul freute sich am bloßen Benennen. Es machte Begrüßung und Abschied möglich.

Sein ganzes Erzählen war ein Aufzählen, das, was man in der Schule vermeiden lernte: und dann, und dann, und dann.

Nur wer sich veränderte, hatte dieses Heimweh, das seinen ganzen Körper heute wie ein starkes Organ mit Schmerz versorgte. Woher wußte er, daß es Heimweh war? Er hatte dabei ja kein Bild eines Heims oder einer Heimat. Wenn er sich überhaupt etwas vorstellte, war es eine offene Landschaft. Ein solche Gegend konnte ihrerseits Heimweh wecken; manchmal brauchte es dazu nicht mehr als die Berührung des Windes und ein Stück trockenen, elastischen Boden unter den Füßen.

Sein Weg entsprach ihm genau; er erlaubte Wiederholung und Wandel Schritt für Schritt. Das Vertraute veränderte sich so, daß Paul es von Monat zu Monat gerade noch wiedererkannte.

Sergio wollte die Welt verändern, mindestens an Samstagen, wenn er in seinem Wochenendrausch in der Osteria Predigten hielt. Von Montag bis Freitag war er, Filialleiter einer Versicherungsgesellschaft, ein Bewahrer. »Vierundvierzig bin ich«, rief er, »und habe noch nichts für die Menschheit getan! Wir werden ein neues Europa gründen! London, Paris, Rom, Madrid, Berlin, Moskau! Ich weiß genau, was fehlt und was getan werden muß!« Einmal war die Liste der Städte länger gewesen; Oslo, Kopenhagen, Dublin, Wien und Warschau kamen dazu, und er schrie: »Ich fresse alles, die ganze Gesellschaft!« Dann biß er in ein Weinglas, zerkaute das abgebrochene Stück sehr langsam und schluckte den Brei, der zunehmend sandiger tönte, schließlich hinunter. Sergios Frau klagte am folgenden Tag über hohe Zahnarztrechnungen.

Antonella war mit einem Teil ihres Wesens mitten in einer jähen Veränderung stehengeblieben. Mit aufgerissenen Augen verharrte sie vor einem Ereignis, das sich gerade diesem Blick entzog. An einem späten Abend hatte sie Paul einen Traum aus ihrer Kindheit erzählt: Sie befand sich allein in einem brennenden Haus und suchte verzweifelt und vergeblich nach einer Tür. Der einzige Ausweg war das Erwachen. Ganz jedoch schien sie aus ihrem Traum nie erwacht zu sein. Paul vermutete Tiefsinn im Widerspruch, daß ausgerechnet eine so rasche und gründliche Veränderung, wie die Zerstörung eines Hauses durch einen Brand und wie der Tod, der hier drohte, etwas vom Dauerndsten in diesem Leben war.

Mit den Umwälzungen, die Sergio plante, verhielt es sich ähnlich. Antonella und er glichen zwei Akteuren, die eine große Gebärde unermüdlich wiederholten, während wirkliche Veränderungen ringsherum in den Kulissen geschahen.

Auf der Terrasse über der Brücke von Mágeno blühten die Kirschbäume und in den Tännchen darunter viele

junge Wildlinge. Die untergehende Sonne erreichte
die jungen gerade noch, die alten gerade nicht mehr.
Die Alp in der Dämmerung. Die schimmernde Licht-
fläche des Blechdaches über dem Stall. Mühelose
Verständigung der Mücken im Tanz, das Gegeneinan-
der der einzelnen zitternden Bewegungen, aufgehoben im gemeinsamen Wogen des Schwarms.

19. Mai
Der Frühling brauchte lange, um den Berggrat zu
erreichen. Sein Fortschreiten glich dem stufenweisen
Aufblühen und Welken an ährigen Blütenständen,
zum Beispiel des Wald-Ehrenpreises: öffneten sich die
oberen Blüten, so hatten die unteren schon Früchte
gebildet. Auf dem Berg blieb der junge Farn noch
unter vorjährigem Kraut verborgen (die Fieder einge-
rollt wie die Finger einer Faust, deren Knöchel vor
Spannung weiß waren), über dem Kastanienwald
streckte er eben die Stengel, im Tal deckte sein Grün
schon den Waldboden zu. Bei den Buchen war der
Übergang schroffer: kahle Äste auf dem Grat und voll
entfaltetes Laub schon ein paar Schritte talwärts. Bei
niedrigen Sträuchern, wie dem Zwergbuchs, war kein
Unterschied zu erkennen: überall, wo er vorkam,
blühte er.

Paul war daran, Winter und Frühling, Wahrnehmung
und Erinnerung zu vergleichen. Sammelte er, indem er
Betrachtungen ordnete, auch sich selber als Person?
Übereinstimmung, Ganzheit aus dem Überblick. Die
aus dem Augenblick war ihm lieber: das, was er vor
einer Stunde beim steilen Aufstieg zur Alp erlebt

hatte, die gute Schwere seines Körpers. Er hatte sich gefreut am mühelosen Gang, am weichen Widerstand. Er hatte geatmet und geschwitzt. Er war in seiner Nähe gewesen.

Beim Stall von Mágeno schreckte er ein Fasanenweibchen auf. Es flüchtete wie ein Huhn in mehrfach unterbrochenem Lauf – über die Wiese, hinter eine Ruine, an den Rand der Böschung. Er folgte ihm langsam. Bevor es wegflog, hatte er Zeit, die klare, farbige Zeichnung des Vogelkopfes zu betrachten.

Wenn er ohne Absicht war, konnte er auch bei Menschen tierische Grazie entdecken. Er dachte an zwei frisch und bunt gekleidete Knaben auf dem Platz bei der Dorfkirche. Am Morgen war er dort mit seinen Papieren beschäftigt gewesen. Die Knaben hatten sich mitten aus einem Spiel links und rechts neben ihn auf die Bank gesetzt und in die beschriebenen Blätter geschaut. Dann waren sie wieder weggelaufen, auf die Sonne und die kreisenden Schwalben zu.

20. Mai

Ein ganzer Ahorn voll Bienen. Ihm summte davon im Weitergehen noch eine Weile der Kopf. Eine solche Erfahrung, dachte er, müßte für einen vollen Tag ausreichen.

Immer wieder war er auf das Seltene und das Neue aus. Im Gehen wandte er sich mehrmals einem stärkeren Rascheln zu und bemerkte schließlich, daß er bloß feststellen wollte, ob es eine Smaragdeidechse sei, die das Geräusch erzeugte. Oder er schaute flüchtig hin-

über zu einem Kastanienast und meinte sogleich, ihn
wiederzuerkennen. Er blickte weg, als sei das durch-
scheinende Grün vor dem dunklen Stamm ihm bereits
vertraut, als verfüge er schon darüber.
Paul beschrieb seine Wahrnehmung weniger liebevoll
als die Landschaft, die sich ihr darbot. Hätte seine Art
zu sehen, sie war ja selber ein Stück Natur, nicht auch
Anspruch auf geduldiges Wohlwollen? Wenn er sich
beim Sehen über die Schulter sah, dann zwinkerte er
sich manchmal (so weit es in dieser Stellung überhaupt
möglich war) auch noch zu. Immerhin das.

Das Vorbeigleiten der Stämme im Gehen. Birken verschwanden hinter schwarzen Kastanienbäumen und
tauchten gleich wieder auf, ein Verlöschen und Auf-
blinken, das ihm, auch wenn er es erwartete, stets
unvermittelt vorkam. Die Ordnung der Stämme ent-
faltete sich vor dem Blick und veränderte sich gleichzeitig. Er versuchte genau zu beobachten, was geschah.
Schaute er in die Tiefe des Waldes, so zogen die
Bäume, die davorstanden, dahin, wo er herkam; be-
hielt er einen der näheren Bäume im Auge, verschob
sich der Hintergrund mit ihm, in der Gehrichtung;
und fixierte er einen Baum im Mittelgrund, bewegten
sich die Stämme davor rückwärts und die dahinter
vorwärts. Da Vordergrund, Mittelgrund und Hintergrund keine Ebenen bildeten, war es nicht die Ver-
schiebung durchsichtiger Kulissenflächen, was er sah,
sondern die Entwicklung zusammenhängender drei-
dimensionaler Räume, in denen die Stämme, ihrer
unterschiedlichen Entfernung entsprechend, sich rascher oder langsamer bewegten. Er kannte kein Bei-

spiel, das so unmittelbar zu erfahren gab, daß Sehen Festhalten bedeutete.

Ein Kirschbaum mit zwei verschiedenen Stämmen: der eine, mit blühenden Zweigen, hielt in einer Astgabel den andern, der gebrochen und dürr war.

Zwei Eidechsen flohen von einem Punkt des Weges nach entgegengesetzten Seiten. Pauls Augen versuchten unwillkürlich, beiden Tieren zu folgen. Die vergebliche Bemühung ging dabei wie ein Riß über seine Stirn.

21. Mai

Er hatte sich erkältet. Stumpfe Empfindungen eines Körpers mit lose verbundenen Gliedern. Wirklich war nur der Stein, an den er stieß. Er ließ die Füße vor sich herbaumeln wie ein Kind auf dem Schulweg. Mit der rechten Hand strich er dem Ginster entlang, der am Weg wuchs, zupfte an Blättern und zerbrach, was zwischen den Fingern blieb, in kleine Stücke, die er im Gehen verstreute.

Fünfter Aufenthalt
Gewitter

Ein dunkler Waldinnenraum. Wenn Paul der starken
Verführung nachgab, konnte er sich von den Blättern
wie von Händen ringsum leicht berührt und gehalten
fühlen. Das Baugespann der »Colónia Climatica Luganese«, das zwischen den kahlen Bäumen einst als
luftige Imagination eines Hauses erschienen war, sah
nun bedeutungslos aus. Die Stangen standen herum
wie Reste einer Erinnerung an eine überholte Idee.
Blattmosaike unter der Sonne, die die Fläche des
Himmels fast lückenlos deckten, und über dem Boden, kniehoch und hüfthoch, ein heller, beweglicher
Pflanzenteppich. Auf den ausgebreiteten Wedeln des
Farns lag gebrochenes und ungebrochenes Licht, daneben wuchs in dichten Beständen etwas Grasartiges,
für das Paul den Namen »Schneehainsimse« fand.
Nichts war heute endgültig. Die Schatten des Blätter-
schirms auf dem Sträßchen, die sich langsam gegen-
und übereinander verschoben, irritierten ihn. Paul
machte dann und wann ein paar stampfende Schritte,
um sich des Bodens zu versichern.

Kopfige und Ährige Rapunzel, Wachtelweizen, Krie-
chendes Leimkraut, Knotenbraunwurz, Weiße
Schwalbenwurz. Oberhalb des Waldes Hornklee,
Kleines Habichtskraut, Zweiblätterige Schatten-
blume.
Würde er einmal länger als nur für Minuten einfach
bergwärts gehen können, sehen und hören, ohne

etwas behalten zu wollen? Das waren Ziele; auf solche Ziele zu verzichten, wäre der erste Schritt. Ein Schritt auf welches Ziel hin?

Wo das Denken so mit ihm umsprang, blieb nur eines: aufhören damit, aufstehen (vom Baumstamm, auf dem er saß) und weitergehen. Das Gehen allein führte hier weiter.

Die von einer Grasbraue stürzenden Tropfen und Wasserschnüre erzeugten ein Geräusch, das ihn anzog und das, als er sich darauf einließ, in seinem Ohr selber zu rauschen schien. Gleichzeitig hatte er ein lebhaftes Gefühl der Erinnerung. Es war das Ohr, das sich erinnerte; dann spürte er die Freude des Wiederhörens am ganzen Leib. Paul wußte nicht, worauf sich die Erinnerung bezog, und er dachte auch kaum darüber nach. Nickendes Leimkraut, Rote Lichtnelke, Pippau, die ersten Erdbeeren.

Er schwitzte; Gesicht, Brust und Rücken waren naß. Als er die Brücke erreicht hatte, zog er sich aus und stieg in das Auffangbecken, in dem das Wasser des Baches sich sammelte. Er wusch sich. Die Frische des Wassers, ihre Wirklichkeit, überraschte ihn. Falls er die Freude suchte: hier war sie. Und sie ließ sich auf Wunsch jederzeit neu herstellen. Er brauchte bloß zu gehen, bis er schwitzte, und sich dann in kühlem Wasser zu waschen. So einfach war das.

Nach dem engen Pfad zwischen den Tännchen der grasige Sims mit den Linden und Kirschbäumen. An dieser Stelle war er sonst ins Offene und Helle gekommen; jetzt, da die Bäume Laub trugen, ging er ins Noch-Dunklere hinein.

Unvermittelt fiel ihm ein, woran das Geräusch des fallenden Rinnsals ihn erinnerte: an den Applaus eines großen Publikums auf einer Grammophonplatte oder an klatschende Hände hinter der geschlossenen Tür eines Saals. Diese Bilder stimmten genau, doch sie konnten das wache Gefühl, das er gehabt hatte, weder erklären noch ausschöpfen. Die Erinnerung war zugleich einfacher und wirklicher gewesen: »Dich kenne ich. Gut, dich wieder anzutreffen.«

Wolken verdeckten den Berggrat. Hier und da kam, kühl und feucht, ein kleiner Wind auf. Dabei geriet auch etwas warme Luft vom Boden her in Bewegung. Paul ging rasch, als habe er vor dem Gewitter noch etwas einzubringen.
Das Gewitter »nahte« nicht, es war schon nahe. Es bildete sich nach und nach im Talkessel, unaufhaltsam und doch so, als sei noch gar nichts entschieden, als sei der ganze Verlauf eine von Moment zu Moment aufgeschobene oder eine langgezogene Entscheidung.

Feldthymian und Erika. Das erste Fingerkraut hier oben war nicht mehr so sehr das erste, sondern nur noch ein Fingerkraut »unterdessen auch hier«. (Paul dachte an ein Straßenradrennen mit verspäteten Rennfahrern, die ihr bestes gaben, obwohl sie ihre Bahn durch ein Publikum suchen mußten, das schon auf dem Weg nach Hause war.)

Ein langgezogener Ton hatte sich aufgedrängt. Zuerst hatte Paul ihn für das Brummen einer Hummel gehalten. Das Geräusch wurde stärker, und er fing vage an sich zu ängstigen. Seine Unruhe wuchs; der Lärm mußte aber fast maßlos werden, bis seine Vorstellung umkippte: Es war das Motorengeräusch eines Flugzeugs, das über den Berg gekommen war und jetzt über seinen Kopf hinwegflog. Mit der Umdeutung wich sofort auch die Angst; sie hinterließ schwindlige Erleichterung und Ärger.

Wie war die Angst entstanden? Die körperliche Erfahrung des Unheimlichen, der Unzulänglichkeit einer Deutung, setzte ja einen Vergleich voraus. Wo war im Allmählichen, im langsamen Lauterwerden des Motorengeräuschs, die Schwelle, die eine solche Erfahrung ermöglichte?

Paul hatte von Versuchen gelesen, die man mit Fröschen anstellte. Man setzte dem Bad, in dem sie saßen, tropfenweise heißes Wasser zu. Da die Wärme allmählich zunahm, schwellenlos, verbrühten die Tiere am Ende. Für den Sprung, mit dem sie sich hätten retten können, fehlte das Signal, der spürbare Unterschied.

In der Angst ging eine Erwartung unvermutet ins Bodenlose. Bild und Wirklichkeit, Landkarte und Landschaft erwiesen sich als unvereinbar. Wie kam es, daß Paul sich von seiner Angst, die ja das Wesentliche schon erfaßte, nicht rascher hatte belehren lassen?

Er erinnerte sich an ein Vorkommnis, das schon mehr als zehn Jahre zurücklag. Sein jüngerer Sohn hatte eine Mandeloperation hinter sich und lag im Spital. Paul hatte ihn schon einmal besucht und ging nun ein zweites Mal hin. Er geriet dabei aus Versehen in ein falsches Zimmer und fand im Bett neben dem Fenster, in dem er den Sohn anzutreffen erwartete, einen anderen Jungen mit eingebundenem Kopf. Der Verband ließ nur gerade Augen, Nase und Mund frei.

Gegen jede Vernunft (sein Sohn hatte ja keine Kopf-
verletzung) hielt Paul an seiner Erwartung fest. Er
stand am Fußende des Bettes und schaute in zwei
fremde Augen. Die Eltern des Jungen, die seitwärts
saßen, bemerkte er erst, als der Vater fragte: »Was
suchen Sie hier?«

Ganz vereinzelt fielen jetzt Tropfen. Der erste war so
allein gekommen, daß man ihn für Vogelkot oder
sonst etwas hätte halten können. Paul ging talwärts.
Erst vor dem Wald wurden die Tropfen dichter,
Hagelkörner kamen dazu. Unter den Bäumen war er
dann von einem lauten Rauschen, fast schon einem
Brüllen, umgeben. Dampf stieg über dem Farn auf.
Paul versuchte, naß bis auf die Haut, im Regen
aufrecht zu gehen. Als er am Dorfrand das Wasser aus
vollen Dachtraufen auf die Straße, in einen Garten, auf
ein Autodach stürzen sah, stöhnte er vor Vergnügen.

16. Juni
Die Spuren des gestrigen Gewitters. Der Weg glich
einem leeren Bachbett. Was Wasser und Erde miteinander unternommen hatten, war heute in Mustern
noch gegenwärtig. Sand, Laubkrümel, Stücke von
Zweigen, Ansammlungen winziger beweglicher Teile
zeichneten die Formen des fließenden Wassers nach.
An kleinen Bodenerhebungen hatten sie vom nach-
strömenden Sand gefestigte, stellenweise durchbro-
chene Dämme gebildet. Sie zogen sich in Rippen über
den Weg oder wie Wellen an flachen Ufern.
Er wunderte sich über die Schönheit dieses Geschehens. Was an seinem eigenen Lebendigsein war damit

vergleichbar? Am ehesten sein Puls und seine Verdauung. Während er bergwärts ging, meinte er den Zug des Wassers in seinem Innern zu spüren, ein Sickern und Fließen, das ihm Stand gab.

Unter einer Kastanie lagen helle, vom Kastanienkrebs geschälte Äste wie Geweihe von gestürzten Tieren. – Ein solches Bild würde einem Einheimischen, Giovann zum Beispiel, kaum einfallen. Vergleiche waren heikle Begegnungen zwischen dem, was einer mitbrachte und dem, was er antraf. Sie drohten das Wahrnehmbare zu entwerten, indem sie es zu einer Episode im Privatkino einer Imagination werden ließen.

17. Juni

Das Murren eines Donners in der Nachbarschaft, leise und anhaltend. Dann das Rauschen des Regens auf Blättern. Es erinnerte ihn an das Rauschen eines anderen Regens auf anderen Blättern.

Später die Ereignisse, die auf einen Sommerregen folgen: die feuchte, frische Luft, die duftende Erde, die singenden Amseln. Unten im Dorf roch der nasse Asphalt jetzt nach nassem Asphalt. Es war unmöglich, sich nicht zu erinnern. Amselgesang allein schon bedeutete »Zeit nach dem Regen« oder allenfalls »Früh im Bett, wenn andere Kinder noch auf der Straße spielen«.

Bilder aus einem Lebensalbum; das bildlose Erinnern war etwas anderes. Es machte Gegenwärtiges farbig und gab ihm Gewicht, ohne einen Schritt davon wegzuführen. Paul spürte es wie ein Summen in seinem Körper.

Das Bimmeln von Glocken auf der Alp. Daß es Schafe waren, schloß er aus dem Kot, den er hier oben auf den Wegen liegen sah. Die Klänge schienen, wie alle Laute im steilen Trichter, ganz aus der Nähe zu kommen. Paul schaute in die Runde, konnte aber im Farnkraut und zwischen den Felsen nirgendwo die Bewegung eines Tieres erkennen, weder über dem Stall in den »Colli di sopra« noch drüben am Poncione.

Der Flug der Schwalben und ihre Schreie stellten dem Gebimmel der Schafe eine eigene Ordnung entgegen. Zwei verschieden belebte Räume, der eine schattig und »innen«, der andere luftblau und über alles Außen hinaus. Sie hatten, wie zwei nebeneinander angelegte Gärten, nur die Grenze gemeinsam. Über der Tiefe beschrieben die Vögel sich überschneidende Kreise und Schlingen: die Graphik einer zeitlichen, fugenartigen Staffelung. Das plötzliche Zucken mitten im Schwung bezeichnete die Stelle, an der die Bahn der Schwalben den Weg der Mücken berührte.

Wenn Paul diesen Blick für Ordnungen in die Osteria mitbrachte, vereinfachte sich hier das Bild. Das Fußballänderspiel im Fernsehen, die Zuschauer und der Raum (der neue Speisesaal, in dem der Apparat auf einem hochbeinigen Tischchen stand, gekrönt von einer römischen Wölfin mit ihren hungrigen Puten) bildeten dann eine Einheit. Die Stimme des Kommentators lief quer über die Mattscheibe neben den Spielern her. Manchmal war es sogar so, als führten die Spieler nur aus, was der Kommentar vorschrieb. Im Streit zweier Zuschauer im Saal, eines Vaters mit seinem Sohn, fand die Bewegung ein Echo. Die beiden saßen an verschiedenen Tischen und sprachen, über die Stuhllehnen zurückgebeugt, laut miteinander. Das

Fußballspiel regelte so das Zusammensein aller: der Spieler, des Kommentators, des Vaters, des Sohns und der übrigen Gäste. Selbst Antonellas Anwesenheit, wie sie stand und ging und die Gebärde, mit der sie sich über die Augen strich (kugelige Wölbungen unter geschlossenen Lidern), gehörten am Rande mit dazu.

Als Paul ihr dann einmal länger nachschaute und sich vorstellte, wie anstrengend es sei, auf hohen Absätzen zu gehen und ein geschminktes Gesicht unverschmiert zu bewahren, löste die einfache Ordnung sich in ein warmes Durcheinander auf.

Sechster Aufenthalt
Ankunft im Augenblick des Vergehens

15. Juli
Die Blätter der Kastanien waren dunkler geworden.
Auch der Farn hatte jetzt ein tieferes Grün. Nur gegen
die Ränder hin verlief es noch ins Helle. Der Geißbart
blühte; die Blätter des Storchenschnabels fingen vereinzelt an, sich zu röten.

Der leichte Regen auf dem Laub und die Nähe seines
Körpergeruchs in der Dämmerung des Waldes: Paul
meinte, eine ganze Kindheit lang keinen anderen
Vorkommnissen begegnet zu sein. (Die stehende Zeit
im Wald seiner Jugend; das Sinnliche jener Langeweile.) Am Wegrand lagen die Kastanienfrüchte des letzten Herbstes, schwarz vor Nässe, wie kleine Kohlen.
Er spürte einen Schmerz in der Brust und im Bauch. Es
ging nicht darum, ihn zu ertragen, wie man sein Kreuz
auf sich nimmt, sondern einfacher, ihn überhaupt bloß
zu tragen, wörtlich, wie einen Gegenstand in einem
Gefäß.
Die Ferne des pflanzlichen Schmerzes. Falls es ihn
gab, diesen Schmerz, war er wohl nicht dort zu finden,
wo man ihn vermuten konnte, in verregneten Hecken,
im Treiben der gestutzten Platanen im Dorf, im
Geruch des Storchenschnabels.

Sterndolde, Sommerwurz, Sonnenröschen, Arnika,
Skabiose, Brombeere, Weidenröschen, Heckenrose,
Wilde Möhre, Königskerze, Karthäusernelke, Graslilie.
Was er hier schrieb, war ein Liebesroman, ein vegetativer.

Je weiter er bergwärts kam, um so zahlreicher fand er die Pflanzen, die unten schon Früchte trugen, in Blüten, und um so weniger zahlreich jene, die unten erst zu blühen anfingen. (Für diese Erkenntnis wäre kein Schritt in den Regen nötig gewesen.)

Er sah den Bewegungen des Nebels zu, der am gegenüberliegenden Berghang hinaufzog. Der Satz »Nebelschwaden ziehen« stellte sich ein. »Schwaden« stimmte genau und »ziehen« auch; der Satz war ohne Aufwand richtig. Wozu die Enttäuschung? Sie bezog sich darauf, daß in solchen Sätzen alles schon vorlag, daß dieser Nebel hier gewissermaßen längst schon zu Ende gesehen war. Blieb ihm denn nichts anderes übrig, als vorhandene Sätze auftretenden Vorkommnissen zuzuweisen? »Ich hab's dir ja immer gesagt«, sagte die Sprache. Hatte er eine Entgegnung, eine sprachliche, die der Sprache nicht recht gab? Dazu kam, daß die Vorkommnisse selber sich schriftdeutsch verhielten. Sie traten willig in der Sprache auf, die er schrieb – und die ihm im Mund saß wie ein gut angepaßtes Gebiß.

Färberginster, Deutscher Ginster, Besenginster, Johanniskraut, Rotes Labkraut, Weiß- und Rotklee, Schafgarbe.

Paul stand unter der Tür des Stalles von Mágeno auf altem, hartgetretenem Mist; er hatte die Weite und Dunkelheit des leeren Raumes im Rücken (ein Resonanzkörper für den Regen auf dem Blechdach) und vor seinem Gesicht das glänzende Wasser und den beweglichen Nebel.

Er trauerte über die Verwilderung dieser Alp. Seit

mehr als fünfzehn Jahren wurde sie nicht mehr benützt. Das Stalldach, vor kurzem trotzdem erneuert, und nicht einmal heimatschützlerisch-beschönigend, sondern zweckmäßig, mit Wellblech, machte den Verlust noch deutlicher spürbar. Sogar zum Sortieren der alten Steinziegel hatte man sich Zeit genommen. Die unversehrten Stücke waren an der Stallmauer zu einer Beige aufgeschichtet, die zerbrochenen Teile lagen verstreut in den Brennesseln und Himbeerstauden. Wahrscheinlich wurde dem Bau militärische Bedeutung zugeschrieben. Paul spürte, wie sein Blut sich zu einer warmen Faust versammelte.

16. Juli

In einer Radspur hatte sich Wasser gesammelt; Kaulquappen schwammen darin. Wenn es länger nicht regnete, würden die Tiere vertrocknen.
Der Geruch des Geißbarts. Er roch, wie früher der Geißbart und vieles andere gerochen hatte, möglicherweise sogar seine Mutter, wenn sie ein frisches Sommerkleid trug. Irgend etwas, vielleicht war es auch die Sonne auf seiner Haut, ließ ihn an die sommerliche Mutter denken.

Die hellen kleinen Falter im dunklen Waldinnern. Für Augenblicke konnte er nicht unterscheiden, ob sie sich wie Wimpern bewegten, ob er selber blinzelte oder ob ihm schon einer ins Auge geraten war.

Das tief Erregende gerade der leichten Berührung. Gestern, als Paul in die Osteria getreten war, hatte er im vorderen Raum nur Antonellas Mutter getroffen.

Die Gäste hatten sich hinten vor dem Fernseher versammelt. Ein Sänger, ein sehr bekannter offenbar, sang vor einem Opernpublikum italienische Arien. Paul war auf der Schwelle zum Speisesaal stehengeblieben. Die Schulter an den Türrahmen gelehnt, schaute und hörte er beiläufig mit. Ab und zu ging Antonella an ihm vorbei. Er machte ihr Platz; einmal wich er ihr ohne Absicht nur gerade so weit aus, daß sie noch mühelos durchkam. Er spürte ein körperliches Zögern, das ihre Nähe suchte. Das französische Wort »frôler« fiel ihm jetzt ein, das ein leichtes Berühren benannte und in dem das Geräusch von Stoffen luftiger Röcke vernehmbar war.

18. Juli

Gerüche von Blüten, Holz und Fäulnis in der Brandlichtung über dem Wald. Einzelne große Kastanienstämme mit laublosen Ästen, ein knochenhelles Holz vor dem blauen Himmel, im dichten Grün von Himbeersträuchern, Farn und Hasel, Ginster und jungen Vogelbeerbäumen. Die unbestimmbare Bewegung der Gerüche in der Windstille.

Zwei braun und weiße, sich begattende Schmetterlinge hielten sich an der Unterseite eines Zweiges. Voneinander abgewandt, verbunden nur an den Enden der Leiber, verharrten sie reglos. Paul spürte nach längerem Hinschauen eine warme Spannung am ganzen Körper. (Die heftigen Beckenstöße der Säuger, das unstete Herumsuchen der Menschen einer am andern, sie zeigten am Ende nur dies: daß man die ganze Kraft der Liebe nicht aushielt.) Zum Schmetterlingspaar

kam dann ein dritter dazu, auch er mit klarer braun-
weißer Zeichnung. Er probierte flüchtig die Nähe der
beiden anderen aus, flog eine kurze Strecke weg,
kehrte zurück.

Insekten. Ihre Regsamkeit über der blattgrünen Landschaft; ihre ungreifbare Zwischenwelt. Paul wußte
nichts über die luftigen Tiere. Das Flüchtige benennen
hieße, es mit einer Stecknadel fixieren, notierte er. Sein
sofortiges Mißtrauen diesem Satz gegenüber.

Er dachte an die abendlichen Telefongespräche. Sie
unterschieden sich kaum voneinander. Katrins Stimme, dazu überraschend klar der Widerhall der eigenen
Worte im kahlen Raum, in dem das Telefon stand. Die
Gespräche waren einfach, eine Chronik des Tages,
knapp, irgendwie vollständig, ohne Andeutungen. An
dieser Sprache hatte er keine Zweifel.

In der Umgebung des Baches, unter den Buchen, roch
es ein paar Schritte lang nach nichts anderem als nach
feuchter Erde.

Vor einem Ameisenhaufen, einer großen rötlichen
Tannadelpyramide, blieb Paul stehen. Kauernd beob-
achtete er ein einzelnes Tier, das wie andere einen
Halm transportierte. Die Ameise begegnete auf ihrem
Weg verschiedensten Hindernissen, anderen Halmen,
Tannadelnestern, kleinen Aststücken, denen sie durch
Ziehen und Stoßen, Heben und Senken des Halms aus-
wich. Das gelang ihr oft erst nach vielen Versuchen.
Eine zweite Ameise kam dazu und machte sich am
freien Ende des Halms zu schaffen. Beide Tiere zogen
und stießen nun, hoben und senkten; bald unterstütz-
ten sich dabei ihre Bewegungen, bald behinderten sie
sich. Dem Betrachter wurde nicht klar, ob auf die

Dauer eines überwog oder ob es bei diesem Zusammenspiel auf etwas anderes, ihm Verborgenes ankam.

Die erste Ameise war nun wieder allein mit dem Halm. (War es noch die erste oder war es jetzt die andere oder eine dritte?) Sie ging weiter ihre Wege, die kompliziert aussahen, die im ganzen aber nach oben zu führen schienen. Schließlich verkeilte sich der Halm im engen Winkel, den ein Aststück mit einem Tannadelwulst bildete. Er war durch kein Manöver mehr wegzurükken. Die Ameise verließ den Halm und ging weiter. Vielleicht hatte er gerade hier seinen richtigen Platz gefunden; in der Sackgasse wurde er zum Strebepfeiler. Aus der Nähe betrachtet stellte der Haufen ein kunstvoll-wildes Geflecht dar. Vielleicht war das ganze Gebäude nichts anderes als eine Summe von vielen kleinen Ausweglosigkeiten. (Paul kannte die Erfahrung »Ich kann nicht mehr, ich gebe auf«. Hier war sie aber für einmal nicht psychologisch, sondern handwerklich produktiv.)

20. Juli

Ein schwerer Dunst, in dem das Tal dalag, der Berg dastand. Ein Landschaftskörper ohne Gesicht.

Zwei Insekten mit gelb gestreiften Hinterleibern schaukelten an Grashalmen. Sie hielten die weiß gepunkteten schwarzen Flügel ausgebreitet und kenterten beinahe in den kurzen Windstößen. Aus dem Dorf herauf tönte jetzt deutlich, nur etwas flatternd, der Sonntagsmarsch einer »Banda« des »Alto Malcantone«. Unwillkürlich geriet das Wippen der Insekten in einen rhythmischen Zusammenhang mit der Musik.

Der Marsch gab auch dem Wald etwas Festliches, Gartenwirtschaftliches.

Nach dem Verklingen der Musik wieder die Intimität des Dunstlichtes, das die grünen Reflexe überallhin sanft und gerecht verteilte. Paul dachte an ein Schlafzimmer, nachmittags, bei zugezogenen Vorhängen. Wenn er sich Antonella einmal ohne Kleider vorstellte, was zuweilen vorkam, sah er ihren Körper in dieser Beleuchtung. Eine bleiche Haut; ein Hintern, der sich erst nach einer flachen Mulde im Kreuz zu runden anfing. Pauls Fantasie war heute etwas ausführlicher: Antonella und er, bei zugezogenen Vorhängen nackt voreinander stehend. Welche Mißverständnisse ergäben sich dabei, welche Verständnisse auch? Antonella würde sich unvermittelt zu jenem Lachen vorbeugen, das er kürzlich an ihr beobachtet hatte; eine Hand zwischen den Schenkeln, die andere an einer Möbelkante, würde sie Nasenlöcher und Zähne zeigen.

Paul folgte beim Abstieg verwachsenen Wegen, ausgewaschenen Rinnen, denen man ansah, daß sie vor Jahren noch von Menschen und Tieren begangen worden waren. Sie führten jetzt mitten ins Farnkraut und in Brombeerranken hinein, in hoch aufgeschossenes Grün, das ihm an manchen Stellen weit über den Kopf reichte.

In der Osteria war einmal vom Farn die Rede gewesen. Giovann, der Alte mit der Papiermütze, hatte über die frühere Verwendung des Krautes als Viehstreue und Matratzenfüllung berichtet. In der Morgendämmerung habe er es gemäht und dann eine Stunde weit ins Tal getragen. Er sprach von über mannshohen Pflan-

zen und deutete die Größe an, indem er sitzend, den Kopf zwischen die Schultern gezogen, zur Hand aufblickte, die er über dem Scheitel hielt. Die Männer lachten, als handle es sich um eine kindliche Übertreibung.
In Giovanns Bericht waren »alte Tage« zugänglich gewesen, konkret und unbestimmt wie die Atemluft. Paul wunderte sich nicht darüber, daß Vergangenes sich vergegenwärtigen ließ. Er meinte aber zum erstenmal zu erleben, wie sorgsam die Abwesenheit, diese flüchtige Dimension des Vergangenen, in einer Erzählung bewahrt sein konnte.

Paul hatte eine Chronik des Dorfes gelesen, eine historische Liebhaberarbeit aus den Dreißigerjahren. Neben den erdgeschichtlichen Erläuterungen, die das schmale Werk einleiteten, hatte ihn nur eine Liste von Vergehen und Verbrechen noch interessiert; Menschen zwischen 1728 und 1857, festgehalten auf Höhepunkten eines dramatischen Geschehens, wie auf Votivbildern:

»1806 Breno. Diebstahl von Kartoffeln.

1817 Breno. Lorenzo Anastasia entwendet einige Waschzuber.

1821 Francesco Gallacchi, genannt der Abt, mißhandelt einen Mann, weil dieser sich weigert, mit ihm »Morra« zu spielen.

1822 Einige vornehme Herren schlagen eine Frau.

1832 Francesco Gallacchi und Pietro Righetti überfallen und verprügeln einen Mann.

1833 Breno. Marco Lanfranchi von Messerstichen auf der linken Seite verletzt. Derselbe droht dem Pfarrer Canepa, ihn mit einem Flintenschuß niederzustrecken.

1843 Breno. Giacomo Righetti verübt Diebstähle in
     Marseille und macht Schulden. Er wird von der
     dortigen Polizei gesucht.
     . . .
1852 Breno. Verwarnung einer Frau wegen Dirnen-
     wesen.
1857 Breno. Maria Righetti kommt in einem Stall mit
     einem Kind nieder und verläßt das Neugebo-
     rene.«
Es war eine Zeit des Elends gewesen, der Kinderar-
beit. (Die Last des Rückentragkorbs verkrümmte den
Mädchen die Beckenknochen; Schwierigkeiten bei
Schwangerschaft und Geburt waren die Folge.) Eine
Zeit der Emigration auch, der Saisonarbeit in Nach-
barländern. Viele Bauern waren im Winterhalbjahr als
Kaminfeger beschäftigt, während ihre Familien zu
Hause um eine Feuerstelle saßen, deren Rauch durch
die Dachritzen abzog.

Das Brennesselgewucher, durch das Paul nun einen
Weg suchte, war ein Kulturrelikt. Im Vergehen, Ver-
wildern, Zerbröckeln, Verrosten blieb Vergangenheit
greifbar. Sie war – samt ihrer Abwesenheit – im Zerfall
noch behütet.

Ein Deutschschweizer kam, aus vollem Halse »Santa
Lucia« singend, durch den Wald herab. Er hatte eine
ganze Familie hinter sich. Die beiden Knaben und die
hübsche Frau lachten wie Ertappte, als sie an Paul
vorübergingen. Das Unheimliche der glücklichen Familie.

Ein Spiel runder Lichter auf runden Steinen am Wegrand. Sonnenflecken auf dem rötlichen Waldboden,
die kaum mehr rötlich, sondern fast nur noch hell
waren. Eine Luft voller Reflexe, als würde das Licht
vom Wind hergetragen.

Die Kaulquappen in der Fahrrinne lebten noch. Einzelnen waren unterdessen Froschbeine gewachsen. In
Klümpchen vereinigt und aufgereiht wie an Schnüren
zappelten sie im Schutz und Schatten von altem
Laub.
Als sich zwei winzige Heuschrecken auf Pauls No-
tizheft einfanden, saß er auf einer Böschung, über
flimmernden Stauden. Er wunderte sich, wie wach
die Tiere waren. Sie brachten es fertig, ein ganzes
Leben auf einem halben Zentimeter Raum zu versam-
meln.
Ein eigensinniger Naturphilosoph hatte behauptet,
die Pflanzen brauchten die Insekten nicht nur als
Befruchtungshelfer, sie hätten für ihr Gedeihen auch
die Vibrationen nötig, die das Summen und Schwirren
der Tiere ihnen vermittelt. Vielleicht war selbst die
Erde auf kleine Erschütterungen angewiesen, verur-
sacht durch Tritte, das Fallen von Früchten, die
Schreie von Tieren und Menschen. Paul hätte sein
Schreiben gern als Aufzeichnung solcher Erregungs-
formen verstanden.
Er erinnerte sich an eine Ausstellung von Zeugnissen
Geisteskranker, die er in diesem Sinn als elementare
Lebenszeichen gelesen hatte: Girlanden, Arkaden und
Schleifen von Wörtern, ins Wortlose hinausgezogen.
Es gab da auch Hefte, in denen Zeile für Zeile und Seite

für Seite das gleiche, mit gleichbleibender Sorgfalt geschriebene Wort stand, und andere mit Bleistiftge- kritzel, fein wie Flaumhaare auf einer Haut. Dann Bruchstücke von Sätzen, die sich zu Buchstabenstik- kereien verknäuelten, oder in weite Ornamente aus- brachen, oder jäh in Stauungen von Tintenstrichen endeten. Diese Schriftstücke hatten eine atemrauben- de Wirklichkeit. So hätte Paul selber beschreiben mögen, zum Beispiel eine Grasrispe, ein Wippen und Zittern der Pflanze, das in eine Schreibbewegung überging und schließlich als reine Gras-Erregungsspur weiterlief.

Die Sonne stand jetzt tief über dem Berg. Die dunkel- blaue Fläche war von hellblauer Luft getrübt, wie von Dampf beschlagen. Schwalben kreisten an der Grenze zwischen Licht und Schatten, die mitten durch das Tal verlief. Sie verschwanden im Dunkel und erschienen wieder im Licht vor dem Berg, plötzlich ausgelöscht und plötzlich angezündet, manchmal einzeln, manch- mal fast alle zugleich.
Eine Schwalbe zuckte nahe vor Pauls Gesicht, genau zwischen ihm und der Sonne. Das Licht schien durch die Flügel hindurch, und er konnte für einen Augen- blick die ganze Gliederung und die Zeichnung jeder einzelnen Feder erkennen. Stunden später stand das flüchtige Bild noch immer, klar wie ein Diapositiv, in seiner Erinnerung.

Siebenter Aufenthalt
Den Sommer »Sommer« nennen

30. August

Frische, glänzend-rote Farbringe an Kastanienbäumen. Sie bezeichneten den Waldpfad als Wanderweg. Die Markierungen wandten sich nicht an Paul, sie meinten ihn so wenig wie Papierfetzen einer Schnitzeljagd, auf die er in Wäldern am Stadtrand stieß. Doch sie irritierten ihn. Sie redeten an ihm vorbei zu einer beliebigen Öffentlichkeit, zum wandernden Paar beispielsweise, das jetzt auf ihn zukam: zwei Menschen, wie bemalte Kartonfiguren durch eine Freilichtkulisse gezogen. Das grüne Laub, das Licht und das raumbildende Hämmern des Spechts gehörten vorübergehend mit zum Lustspiel »Der Ausflug«.

Paul hätte gern in einem Theaterstück mitspielen mögen, ohne Zuschauer, das mit seinem Tod enden würde. Er selber, die Bäume, die Menschen wären »wie echt«. Man sähe die andern gutgläubig so, wie sie sich eben zeigten, in ihrem Fleisch und Blut, und man liebte sie samt ihrer Nachtfalterseele.
Paul und das Wandererpaar gingen schweizerdeutsch grüßend aneinander vorbei. Man hatte bei der Wahl der Sprache gezögert, hatte sich gemustert vorher. Nur die Deutschen grüßten immer italienisch.
»Achtzig Franken pro Person!« hörte Paul weiter oben, noch immer im Wald, einen Vater seinen Kindern warnend zurufen.
(Sommer, Familienbeerenglück, Kniesocken in Wulsten über staubigen Schuhen, in denen man mit zer-

kratzten Beinen etwas schief drinstand. Wenn Pauls Vater auf Spaziergängen festgestellt hatte »So schmek-ken eben nur die Walderdbeeren« und er die wilden Früchte mit unverdorbener Natur gleichsetzte – der Gegensatz dazu war kunstgedüngerte »Dekadenz« –, so kostete Paul die Beeren mit den Geschmacksorga-nen des Vaters. Das eigene Schmecken kam ihm da vorübergehend abhanden. Während vielen Kindheits-jahren konnte er sich – falls die verallgemeinernde Erinnerung stimmte – nur dann ganz auf seine Sinne verlassen, wenn er mit sich allein war. Dazu gab es den Wald, fünf Minuten von der elterlichen Wohnung: Tännchendickicht, freigespülte Wurzelräume, wilde Kirschen; eine Welt, die er schon früh auch nach oben hin zu bewohnen anfing. Er saß oft in Bäumen, schaukelte, las in einem Buch. Tarzan wurde später zu seinem verklärten Selbstbild. Die Rückkehr des Af-fenmenschen in den Urwald – nach einem Aufenthalt in der guten Gesellschaft – war der schöne Schluß der Geschichte gewesen, den Paul jetzt, wer weiß, auf seinem Weg nachlebte.)

Die Pflanze mit den nesselartigen Blättern, die lange namenlos geblieben war, trug nun gelbe Blüten. Sie hieß »Klebrige Salbei«. Paul hatte sich von ihrem Na-men, gerade von ihm, mehr erhofft, als er bekam. Pilze, hellbraun wie das Kastanienlaub, in dem sie standen; das Morgenhimmelblau der jungen Nessel-blätterigen Glockenblume; Wirbeldost; Weichhaari-ger Hohlzahn; Engelwurz, auf deren heilende Kraft bei Brustleiden einst ein Engel speziell hingewiesen hatte. (Paul fiel es leicht, sich Engel vorzustellen, die sich heilkundig zwischen den Pflanzen des Unterholzes bewegten.) Junge Kastanientriebe in feuchten Laubmulden.

Paul hatte den Blick und die Lebensweise eines Kurzsichtigen. Seine Augen hielten sich in der Nähe auf wie die eines Trüffelsuchers. Sie nahmen Besitz von dem, was im Gehen immer schon zum Verlieren bestimmt war. Für Gefühle der Ohnmacht, Beengung, Angst war der Kurzsichtige wohl anfälliger als der Weitsichtige, dem Zusammenhänge mehr bedeuteten als Einzelheiten. Paul probierte vorübergehend einen vermittelnden, wandernden Blick aus: vom Haselstrauch an seiner Seite hinauf zum Berggrat, dann am Farn vorbei talwärts zum Stein vor seinem Schuh.
Bergdistel, Großblütige Bergminze. Der Besenginster trug im jungen Grün die mausgrau behaarten Schoten. Aus den Fruchthülsen der Weidenröschen quoll langhaarige Samenwatte.
Die Leidenschaft des Benennens und das starke Bedürfnis, die Dinge vor Namen zu schützen und schließlich das anzutreffen, was solchen Schutz gar nicht brauchte: der Zug dieser Wolke, das Wippen dieses Zweiges, die Bewegung Antonellas, mit der sie, stehend, ein Tablett in der einen Hand, mit der andern einen Nachtfalter fing, ohne das Gespräch zu unterbrechen.
Goldrute, Flockenblume. Und auf der Alp und dem Grat: Große Fetthenne, Blauer Eisenhut (und neben dem Blauen einer mit verbleichten, weißen Blüten), Silberdistel, Klappertopf und andere.

Paul hatte eine Frau gekannt, die Maximen und Weisheiten aufhob, wie er Pflanzennamen sammelte. Was ihr in Zeitungen, Zeitschriften, auf Tageskalenderzetteln begegnete, legte sie neben das Milchbüchlein in die Schublade des Küchentisches. Es gab Sprüche, die ihr sofort einleuchteten, die sie sogar stark bewegten, und andere, die sie nicht verstand. Bei diesem Sammeln, stellte Paul sich vor, war es ihr weniger darum gegangen, das einmal Erkannte zu behalten, als das Unerkannte in ihrer Nähe zu wissen.

31. August

Ein tagheller Tag. Einer, der seinen schönen einsilbigen Namen verdiente.

Gestern, vor der Osteria, hatte einer in den Abend hinausgezeigt, ein Deutscher in dicker schafwollener Jacke: »Das ist es, was ich einen Abend nenne!« Er sagte es so, als gebe er dem Abend in diesem Augenblick, wie man ein Schiff tauft, seinen Namen. Paul hätte gleich auf eine Gabel, die vor ihm lag, zeigen und dazu sagen mögen: »Das ist es, was ich eine Gabel nenne!« – mit dem Anspruch an die Anwesenden, dem Eßgerät, das schon lange so hieß, künftig auch Gabel zu sagen.

Der Wind wühlte in Zweigen wie ein Liebhaber in Frauenkleidern, mit Erfahrung und Begeisterung. Ein Seufzen in voneinandergleitenden Säumen, ein Schuh noch am Fuß, der andere umgekippt vor dem Bett. Wer spielte hier mit wem? Jeder Baum hatte seine eigene Bewegung, die der Wind bloß in Gang brachte, in der er selber erst faßbar wurde. Der Kirschbaum blinkte wie mit Löffeln, die gefiederten Blätter der Esche griffen an biegsamen Stielen wie mit Fingern ins Blaue, der Farn neigte sich wie ein Segel.

Paul nahm es sich übel, daß er sein geschäftiges Meinen und Lieben noch in den Wald hinaustrug. Seine Vergleiche machten den Bäumen und Farnen gottlob nicht zu schaffen. Was er ihnen andachte, fiel lautlos zwischen den Zweigen zu Boden. Auch der Vogel, der jetzt zu hören war, beschäftigte sich nicht mit solchen Anstrengungen. Er war, wie die Bäume, das, was eben geschah. »Ich muß, was mir begegnet, schminken, verkleiden, beleuchten, bis es mir ähnlich sieht. Das ist schade, denn ich bin häßlich.« Paul wünschte sich, offen zu sein wie eine Schuhschachtel, in die die Sonne scheint, über deren Rand sie auf- und untergeht.

Er dachte an Antonella. An einem Nebentisch sitzend hatte sie in Modeillustrierten geblättert. Sie hatte ihm ab und zu, indem sie das Heft hochhielt und ihr Gesicht damit verdeckte, das Bild einer jungen Frau im Badekleid vor gelbem Sand und grünen Palmen gezeigt. Ihn hatte dabei die Geste berührt, nicht das Bild. Antonella verreiste in ihrer Sehnsucht viel weiter, als er zu folgen bereit war. Er wartete, bis sie zurückkam. Ihre Ankunft spürte er dann als Wärmerwerden auf seiner Haut.

Er war zu Nachsicht und Achtung fähig, anderen gegenüber. Was hinderte ihn, sich selber daran teilhaben zu lassen? Im Weitergehen wuchs seine Bereitschaft, ernst zu nehmen, was sich ihm zeigte und wie es sich zeigte – also auch seine Art es zu sehen. Wenn er davon Abstand nahm, blieb ja kein Boden, auf dem er stehen konnte. Er war sich selber unersetzlich. Er besaß nichts anderes als diese zwei Beine, Augen, Ohren, Hände. Seine Sinne machten es mög-

lich, daß sich schlecht und recht das Unerhörte ereignete. Als Naturwesen nahm er sich an, und er war
irritiert, wenn sein kleines Ich sich beflissen vor-
drängte. Schmerzhafte und unnütze Nöte und Einge-
sperrtheiten. Wenn er sich ernst nahm, nahm er sich
leicht.

Aus den offenen Hülsen der Weidenröschen lösten
sich Samensterne, einzeln oder in Scharen. Getragen
von der aufsteigenden Wärme entfernten sie sich oder
beschrieben auch nur einen Kreis oder eine Spirale und
fielen dort nieder, wo sie hergekommen waren.

Paul hatte sich im Bach gewaschen; die Arme über den
Knien saß er jetzt nackt im Gras. Er schaute den
Schmetterlingen zu. Der Duft der Budleia, des
»Schmetterlingsstrauchs« (der nicht hier, sondern unten im Tal auf Schuttplätzen gedieh), stellte sich ein.
Als Kind hatte Paul ihn für den Geruch der Schmetterlinge selber gehalten. Die Täuschung war aufgedeckt,
lange schon, nur die Nase machte noch immer nicht
mit, sie blieb konservativ.

Sommer auf der Alp. Reife Himbeeren. Pauls Schritte
lösten ganze Garben von Bewegungen aus: Heuschrecken, kleine und große, hüpfende und lärmig
fliegende. Aus dem Farn flatterten Vögel. Lange,
dunkel glänzende Schlangen, von der oberen Böschung her, die unmittelbar vor seinen Füßen den Weg
überquerten.

Paul war an dem Grat entlang weitergegangen. Beim
Abstieg über bewirtschaftete Weiden in ein benach-
bartes Seitental ergab sich allmählich das Schulreise-

aufsatz-Gefühl »müde aber glücklich«. Der leichte Schmerz in den warmen Beinen. Die Schritte gaben mehr, als sie forderten; das Geschenk der Schwere war willkommen. Paul hatte im Augenblick kein Verlangen; Bilder einer Berührung, oder von einem Glas Wein, einer Zigarette, kamen herbei ohne das beharrliche Ziehen, das die Wünsche kennzeichnet, und verließen ihn wieder.

Er ging rosigen Wolkengebilden entgegen, die wie wurstige, von der untergehenden Sonne an den Flanken beleuchtete Tiere aussahen. Ein Aerarium.

In der Dämmerung dann das Bild von Mafalda. Er sah sie dastehen, auf einer freien Fläche, mit losgelassenen Armen und Händen, wie auf einem frühen Kinderfoto, auf dem sie, von den Großeltern eingekleidet, halb hingestellt, halb schon selber stehend zu sehen war, neben einem gedrungenen Hund und vor einer dunklen Kulisse, die – wenn die Erinnerung stimmte – eine herrschaftliche Terrasse andeutete.

Die Schreie der Nachtvögel. Es war unmöglich, sich eine dieser Stimmen zwischen Kinderschrei und Nebelhorn bei Tag vorzustellen. Ein Vogel, den Paul sich klein dachte, pfiff in großen Abständen und als habe er den Kopf schon unter dem Flügel.

1. September

Unter dem blanken Himmel die harten, schwarzen Morgenschatten. Trat man in das Dunkel ein, so lichtete es sich, wurde transparent, und jedes Ding erhielt seine Zeichnung.

Paul hatte sich hingesetzt. Die Lichtkringel auf seinen Knien. Durch den Wald herauf kam das Geräusch einer Axt, dazwischen Worte, die er nicht verstand, und halbe Sätze. Dann hörte er den Klang zweier Hämmer und den Widerhall eines Hohlraums. Es mußte ein Dachstuhl sein, der da erneuert wurde. So hatten früher die Geräusche handwerklicher Tätigkeiten in den Garten der Eltern hereingetönt: vertraut, bedeutsam, aber ohne genau definierten Platz in einem Sachzusammenhang.

Das Wort »Nachbar« fiel ihm ein und ein Mann aus der kindlichen Nachbarschaft, ein Tauber mit einer mühsamen Sprache. Er wußte sogar seinen Namen noch: Albert Klingler. Albert war der einzige erwachsene Nachbar gewesen, den alle beim Vornamen nannten. Wenn er sprach, spürte man, daß die Zunge ein Stück Fleisch war, das sich im Mund bewegte, um Laute zu bilden. Dieser Albert hatte ihm einmal eine Schaufel und einen Rechen geschenkt; er hatte ihm die Geräte über den Eisenzaun gereicht, hinter der Thujahecke, wo es schattig war wie nirgendwo sonst. Es war kein Spielzeug gewesen, sondern, gußeisern und harthölzig, ein Werkzeug für arbeitende Kinder. (Der kleine Albert hatte zu Hause noch mitarbeiten müssen; wenn der kleine Paul es tat, war der Anlaß mehr Erziehung als Notwendigkeit.) Paul war glücklich über das Geschenk, das ihn ernst nahm.

Sein Kindheitsalbum, in dem er, zurückdenkend und fantasierend blätterte, war voll von Bildern der Sprachbehinderung: »Keine Widerrede«. Seine Familie auf Sonntagsspaziergängen. Sie hatten, vom Vater eingeführt, die Gewohnheit, vor Hügeln und Haus-

wänden kurze Wörter zu rufen. Ein Mann namens
»Echo« wurde dadurch zu einer halbherzigen Antwort provoziert. Von der Brauerei her kam der Ruf
besonders deutlich zurück. Dort, im engen Raum
eines turmartigen Backsteingebäudes, den man von
außen über eine eiserne Leiter erreichte, war dieser
Mann eingesperrt. Weil er seinen Eltern widerspro-
chen hatte, saß er gefangen und war dazu verurteilt,
sein Leben lang die Worte von Passanten nachzuspre-
chen.

»Man redet nicht mit vollem Mund.« Paul saß am
Familientisch. Er hatte Halbzerkautes zwischen den
Zähnen und Unausgesprochenes, Wörter, die er von
einer Backe zur andern schob und weder ausspeien
durfte noch schlucken wollte.

Solche Bilder, die willig auftauchten, erklärten nicht
Pauls Schwierigkeiten mit der Sprache. Der Gedanke,
seine sprachlose Seite habe gerade diese Kindheit
gebraucht, war ihm näher.

Helligkeit und Hitze der Sonne auf Steinen (Gneiss
und Glimmerschiefer vor allem). Ihre Schatten lagen
wie Löcher im Weg. Die Bäume regten sich; das Licht
ging gekräuselt durchs Laub. Windstille und Rauschen, der Wechsel von Wärme und Kühle. Was sollte
hier die Enge und die Qual von Kindheitsgeschichten?
Paul trug die klugen Mißverständnisse sortiert und
handlich verpackt mit sich herum. So viel Aufwand,
nur um dem Klaren und Guten nicht schutzlos ausge-
liefert zu sein. Das Gute hatte, wie ein Grundwasser,
seine eigene Geschichte.

Die spätabendlichen Telefongespräche mit Katrin.
Reden und Verstehen waren einfache Dinge. Das Gute
traf ihn da jedesmal unvorbereitet und hilflos.

Gelockte Wolken, die ihn an wolkiges Schamhaar
erinnerten, und wolkiges Schamhaar, das ihn an gelockte Wolken denken ließ. Was er womit verglich,
war im Moment gleichgültig. Wichtig war die Klarheit
von Raum, Duft und Zeichnung.

2. September
In den Gemüsegärten vor dem Dorf blühten die
Schnittblumen, mit denen man an Samstagen die
Gräber schmückte. Da und dort, nicht mehr nur beim
Pfarrer und beim Lehrer, fanden sich kleine Sträuße
nun auch in den Häusern. Die alten Frauen stellten sie
auf den Küchentisch, sonntags, wenn die Söhne,
Töchter und Enkel mit dem Auto herkamen, und sie
strichen das Tischtuch, das sie auch nur sonntags
gebrauchten, unter der Vase glatt.
Paul kannte die alten Frauen kaum. Ihre Gesichter sah
er nur flüchtig; beim Grüßen hoben sie das Kinn von
der Brust, wenn sie gebückt, den Rückentragkorb voll
Heu oder Holz und Gemüse, von ihren Gärten kamen. Die eigensinnige Treue ihrer jahreszeitlichen
Handlungen.
Die jüngeren Frauen, von denen die meisten in jüngeren Häusern am Dorfrand wohnten, hatten Ziergärten
mit Rasenflächen. Auf dem geputzten Grün lag Farbiges, Aufblasbares und Wegwerfbares, herum.

Paul saß im Wald. Er war müde von einer Trinkerei
unter Männern, die ihn spät noch in verschiedene
Keller und Küchen geführt hatte.
Er erinnerte sich an den Traum der letzten Nacht.
Florian, ein Freund seines jüngeren Sohnes, hatte sich

in einem schattigen Spätherbstwald verirrt. Ob er lebendig zurückkehren würde, war sehr zweifelhaft. Paul gehörte zu einer Gruppe von Männern, unter denen auch ein Förster oder Jäger war. Sie hatten sich auf freiem Feld versammelt, um zu beraten. Vielleicht, meinte einer, hat der Junge jetzt eben noch das Postauto erwischt. Die Post durchquerte das abgelegene Gebiet nur einmal am Tag. Sie war Florians letzte Chance. Wäre er aufgetaucht, so hätte man telefonisch Bericht erhalten. Das Telefon, das sich in einer Art Bauhütte befand, war warm vor lauter Bereitschaft.
Paul dachte an alte Versteckenspiele. Er hatte sich als Kind zuweilen so gut versteckt, daß man ihn nicht mehr fand. Der Geruch der Holzbeige vor seinem Gesicht und der seines verschwitzten Körpers. Die Kinder riefen seinen Namen; sie wollten nach Hause. Paul gab keine Antwort. Es dämmerte. Später folgte er den andern mit Abstand.

Paul studierte, zuerst gedankenlos und dann nachdenklich, die Landkarte einer Flechte auf einem Kastanienstamm. Er sah verschwiegene Kontinente. Alge und Pilz, das wußte er, führten hier einen gemeinsamen Haushalt. Etwas Drittes, Blattartiges oder Bärtiges, ging aus der Verbindung hervor, das keiner der Partner allein hätte entstehen lassen können. Die schlechte Luft des Tieflandes, hatte Paul sagen hören, zerstöre zuweilen den Pilz, es überlebe dann nur die Alge, gewissermaßen als Witwe.

Achter Aufenthalt
Hasenlattich und »Heimweh«

20. September
In einer trüben Helligkeit rollte übereck, vom Wind
getrieben, ein offenes braunes Packpapier über die
ganze Länge einer Wiese.

Pilze, die sich durch die Erde gestemmt hatten und
mitten in einer bedenkenlosen Bewegung erstarrt und
in der Trockenheit rissig geworden waren. Oberhalb
des Waldes dann der Rasen, der sich ocker färbte, und
darin das spätsommerlich tönende Zirpen und Schnar-
ren der Insekten. Pflanzenrudel, Hohlzahnkolonien,
von einem grauen Pilz befallen. Das aufdringliche
erste Gelb von Birken- und Haselblättern.

Oben stand die Luft unbeweglich; der Dunst dämpfte
Farben und Geräusche. Die Blätter der Himbeerstau-
de, zuerst die an vorjährigen Stielen, fingen an sich
einzurollen. An der dünnen Randlocke, die das braune Laub umgab, wurde die silberne Blattunterseite
sichtbar.
Der Hasenlattich blühte, das Springkraut, der Schwal-
benwurzenzian. Die Vielfalt war nun auf der Seite des
Welkens und Sich-Verfärbens. Das Rot der Storchen-
schnabelblätter reichte von Orange bis Karmin. Dazwischen, im luftiger werdenden Pflanzenkörper, die
letzten lilafarbenen Blüten.
Zeit der Brombeeren und bald auch der Haselnüsse.

Paul hatte einer Eidechse zugeschaut und dabei erst

nach Minuten bemerkt, was sein Blick unternahm: Er hatte bei den pumpenden Stößen an den Flanken des Tieres verweilt, bei den Skelettfüßen auf dem Stein, bei der genauen Bewegungsfolge der fast haardünnen, langen Zehen.

Der Sommer kam ihm jetzt vor wie ein ausgedehnter Augenblick, in dem der Frühling in den Herbst umkippte und der nur zufällig (durch einen jährlich sich wiederholenden Zufall) sich hinzog, nur weil das Kippen auf dem Punkt des Umschlags zögerte, in ein Gleichgewicht geriet.

Paul ging durch die Gegend wie durch die eigenen Eingeweide. Er verwechselte das Knurren seines Bauches vorübergehend mit einem Motorengeräusch, das aus dem Tal kam, und Grasbüschel erinnerten ihn an das Haar in Achselhöhlen. Die Intimität der Landschaft weckte einen Schmerz, der unbestimmt und dauerhaft war.

Im Traum der vergangenen Nacht hatte er Antonella getroffen. Sie saßen auf einer Steinmauer in der Nähe eines südlichen Dorfes. Schon seit Stunden waren sie beisammen, Antonella in einem leichten, hellen Kleid, er in schweren, braunen Hosen. Beide fürchteten und hofften auch, der andere wolle gleich mit ihm schlafen, es genüge ihm nicht, den gemeinsamen Atem ihres Gesprächs im Gesicht zu spüren.

Antonella war gestern verreist. Sie war für eine Woche an die ligurische Küste gefahren, um sich von einem hartnäckigen Kopfweh zu erholen. »Ich muß irgend etwas gegessen haben«, hatte sie gesagt. Wie für viele Hiesige war falsche Ernährung für sie die Ursache der meisten Übel. Zum Kastanienkrebs hatte ein Alter zum Beispiel gesagt: »Krebs? Das gibt es gar nicht. Die Pflanzen sind nicht mehr richtig ernährt, so ist es. Früher trugen die Bäume am Rande der Weiden die schönsten Früchte. Warum? Weil der Boden dort am besten ernährt war.« Der Alte hatte die Hungerzeiten der Zehner- und Zwanzigerjahre erlebt. Damals war der Zusammenhang zwischen Ernährung und Gesundheit noch sinnenfällig gewesen.

21. September

Paul ging langsam auf dem Steinbett des Weges, den Blick auf dem eintönigen Gneiß, der stellenweise rostig war wie der Schotter eines Eisenbahntrassees. Zwischen den Schatten der Steine entdeckte er Flaumfedern eines getöteten Vogels. Die dünnen, gekrümmten Kiele waren zu Büscheln verklebt, die sich in der winzigen Bewegung der Luft wie Tiere im Mittagsschlaf ausnahmen. Die hohen Halme des gelb gewordenen Grases nickten. Sie regten sich, fast bevor der Wind sie berührte, als wären sie vorbereitet auf die Bewegung und setzten damit, aus Ungeduld oder Gewohnheit, etwas zu früh ein.

Im Dorf war Sonntag jetzt. Zeit für die Männer, auf dem Platz vor der Osteria laut und gleichzeitig zu sprechen (wie Menschen aus kinderreichen Familien, in denen es schwierig war, sich Gehör zu verschaffen). Zeit für die Jungverheirateten, einander spazieren zu führen. Sie kamen aus den Vororten Luganos, wo sie wegen einer besser bezahlten Arbeit schlechter wohnten, und brachten allerlei Kram mit, Kleider und Kinderwagen. Auch sie trafen sich vor der Osteria. Sie bestellten Getränke, die zum Speien waren, für Kinder mit Röhrchen. Die Jüngsten trugen an krummen Beinchen neue Schuhe und tummelten sich wie verkleidete Tiere. Da und dort stand neben einem Kinderwagen, ohne die übliche Schürze und etwas verlegen, auch eine Nonna.

Paul hatte seine Mutter geliebt, solange sie eine Schürze trug. Auf Spaziergängen, in einem zweiteiligen schwarzen Kleid mit schwarzem Hut zum Beispiel, sah sie aus wie eine Fremde oder wie eine berühmte Verwandte, eine Schauspielerin etwa. Der Vater, ein starker Raucher, ging tief atmend voraus. Mit zurückgezogenen Schultern und erhobenem Kinn forderte er Paul und die Schwester auf, die frische Luft zu nützen.

Es gab schönere Bilder des Vaters, doch sie blieben heute merkwürdig blaß: Wie er am Morgen, eine weiße Nelke im Mund, zur Arbeit ging; jeden Tag mit einer neuen Blume aus dem wuchernden Polster im Garten. Oder das Muttermal mitten auf seiner Glatze, für die Kinder ein Knopf, den sie nur zu drücken brauchten, um die Maschine seiner Arme in Gang zu bringen. Sie hatten die Wahl, festgehalten oder freigegeben zu werden. Wie kam es, daß Paul solchen Erinnerungen einen Teil seines Blutes entzog?

Die Heuschrecke neben seinem Schuh war grasgrün, grüner als das Gras hier je gewesen war. Flache Glimmerschieferplatten glänzten im Dunst wie Fischleiber. Vergleiche! Einverleiben der Natur in eine gefräßige Erinnerung. Wenn es um Menschen ging, kam er sich damit nicht so sehr in die Quere: Wanderer

kamen jauchzend und singend von allen Bergen wie
Bäche nach dem Regen. Diese Feststellung machte
ihm keine Beschwerden.

22. September
Aus einer fast noch grünen Linde löste sich oben ein
gelbes Blatt; es fiel, hell vor dem hellen Himmel, ruhig
eine weite Strecke.

Als Paul das Dorf verließ, hatte es zu regnen angefan-
gen. Zwei ältere Frauen in Schürzen waren unter
Bäumen gestanden, große schwarze Regenschirme im
Nacken. Bei besserem Wetter hätte man sie auf dem
Feld gesehen. Nun ließen sie erst mal den Regen das
Seine tun. Die Schirme der Männer hingen wie Fleder-
mäuse an den Ästen der Glyzine vor der Osteria.
Regen und Wind fanden wenig Widerstand im Laub
der Bäume. Größere Blätter hatten lange, beugsame
Stiele, stellte Paul ordnend fest, und stiellose, sitzende
Blätter schienen durchweg schmal zu sein. Er ver-
gnügte sich damit, aus Beobachtungen Regeln abzulei-
ten. Seine Blätter-Regel mochte stimmen oder nicht,
jedenfalls war er heute bereit, bedenkenlos anzuneh-
men, der Sinn natürlicher Einrichtungen sei offensichtlich.
Der Geruch des Regens. Er glich dem der Rosen, die
man geruchlos nennt. Ein Duft, der nichts versprach
und nichts hielt, gegenwärtig, weit, freundschaftlich.

Die Heuschrecken bewegten sich langsamer in der
Kühle. An der Böschung beim Reservoir, im Schutz
eines Baumes, hatte er zwei Tiere gesehen, die sich mit

langen und trägen Beinen in Grashalmen verfingen. Der Feuersalamander am Wegrand schien nichts anderes zu sein als eine gelb gefleckte, in der Nässe aufgequollene und langsam gewordene herbstliche Eidechse.

Beim Abstieg regnete es sehr dünn und dicht. Der Regen wurde stärker. Allseitiges Rauschen, Klatschen der Schuhe im Wasser und das Geräusch, das die schwingenden Arme am Stoff der Jacke erzeugten. Die Nässe legte sich wie kalte Wickel um die Beine. In diesem Wetter, dachte Paul, mußten die langwolligen Schafe sehr schwer werden.

23. September

Was fing er mit dem Heimweh an? Es gab da nichts anzufangen, auch kaum etwas zu beschreiben, denn was er fühlte, sah aus wie das Licht auf diesem Krautgarten, tönte wie das Motorrad jenseits des Tals, roch nach Salat, Gurken und Gladiolen, war rauh wie dieses rostige Drahtgeflecht.

In anderen Kulturen, das wußte er, blieb ein solches Leiden nicht die persönliche Angelegenheit irgendeines Innenlebens, dem man zuviel zumutete. Es war der Zugriff einer gegenständlichen Macht, eine Krankheit, die jeden befiel, der allein lebte. Dem »Heimweh« fehlte diese Würde. Paul dachte an einen alten, auf der Gitarre hölzern begleiteten Blues eines schwarzen Musikers aus Leon County, Texas. »All alone« sang er. Der trocken, vorbehaltlos mitgeteilte Schmerz dieses Mannes war ein Stück Natur, älter als jede Wehleidigkeit.

Neunter Aufenthalt
Grenzzonen

18. Oktober

Paul hatte sich auf diesen Gang gefreut, auf dieses körperliche Wiederfinden. Im offenen Waschhaus am Waldrand gurgelte die übervolle Röhre und verschluckte sich in regelmäßigen Abständen. Die Wasserlachen auf dem Weg waren von fallenden Tropfen hell gesprenkelt. Kastanienblätter auf dem grauen Boden, stumpfgrün bis grauviolett. Zwei neue Birkenstämmchen faßten eine alte Rinne, die das Sträßchen überquerte.

Kleine, rasche Bewegungen begleiteten ihn: die Reflexlichter auf den Steinen, die in den Augenwinkeln aufblinkten und verlöschten, und das Zucken der von Tropfen getroffenen Zweige. Wie eine Ader, in pulsierenden Stößen, verlief ein Regenrinnsal einem Buchenstamm entlang zu Boden.

Die Luft war kühl. Paul fühlte deutlich sein Gesicht und seine Hände. Seine Haut erwies sich als unerwartet großflächig und sogar tief. Sie war, wie eine Zellmembran, ein Ort der Entscheidung. Durchlassen und Aussperren verbanden sich zu unzähligen Varianten der Erregung.

Die Landschaft und er, das waren heute zwei verschiedene Dinge. Sie berührten sich an veränderlichen Grenzen, stießen oder streichelten sich. Es kam auch vor, daß die Haut dünnwandig zwei verschiedene Empfindungsräume trennte: Paul spürte von außen den Wind und von innen einen Schmerz, den die

Falten über seiner Nasenwurzel zusammenhielten wie die Schnur einen Sack.

In diesem Grenzverkehr ereignete sich Wirklichkeit. Wie aber schützte er sich davor, ins Grenzenlose verführt zu werden? Die Frage kam auf, als er über dem Wald den grau verschneiten Berggrat erblickte. Der Berg hatte genau die Farbe des Himmels. Paul wußte, daß es oben eine Grenze gab, er hätte das Profil aus dem Gedächtnis zeichnen können, doch sein Wissen blieb geisterhaft. Was er sah, lud zur unauffälligen Grenzüberschreitung ein.

Weiter oben, am Bauch des Berges, das weiche Rauschen, das aus der Schlucht und durch das Laub der Bäume heraufkam. Paul erinnerte sich an den unverhüllten, härteren Schlag des Wassers zur Zeit der Schneeschmelze.

Der Farn verfärbte sich, wurde durchsichtiger, schien sogar jünger zu werden, zart wie etwas, das sich für Vergänglichkeit entschieden hatte. Im Laub der Buchen waren da und dort schon die hellen Stämme wieder zu sehen, ihre sinnliche Unschuld.

Feuchte, dunkelbraune Buchenblätter. Am Wegrand bildeten sie eine Mahd mit dichtem Mittelgrat und lockerem Saum. Paul war stehengeblieben; er hatte das Gefühl: Hier ist die Stelle! Die einfach angeordneten Blattrippen ließen Fügungen von glänzenden länglichen Feldern entstehen, durch harte Schatten begrenzt, durch weiche belebt. Der Laubhaufen lag da wie eine der unwiderruflichsten Wirklichkeiten. Wenn er ihn länger anblickte, das wußte Paul, würde der Haufen zum einzigen Ding und nach einer Wendung, »im Handumdrehen«, entstände an seiner Stelle ein Loch in der Welt. Er hatte die Wahl. Er konnte der Verlockung nachgeben, indem er, den schielenden Blick ausgespannt, verharrte und das übrige dann geschehen ließ (das Gleiten, die Wendung, die folgen würden); er konnte aber auch diesseits bleiben, auf seinen zwei Beinen, zwei bewegliche Augen auf einem Haufen feuchten Buchenlaubs am Rande eines Weges.

Paul entschloß sich umzukehren. Vor dem benachbarten Berghang und hinter den Bäumen auf dieser Seite des Tals stieg der Nebel auf. Er ließ Schattenrisse entstehen und verhüllte mit der gleichen Bewegung, was eben noch sehr leserlich gewesen war. Figur und Hintergrund wechselten in täuschendem Spiel. Helle Schwaden vor dunklem Berg verschwanden wie Jäger und Wolf im Wald des Vexierbilds, indem sie dunkle Baumgestalten vor hellem Nebel verdeckten.
Nach einer Wendung des Pfades war der Nebel plötzlich weg; nur zwei schmale Fahnen hingen noch auf halber Höhe des Abhangs. Erst später, im Kastanienwald, traf Paul ihn wieder, als dichte Dämmerung. Die Reflexlichter waren verlöscht. Nach und nach ergab sich das Gefühl, auf einem Heimweg zu sein.

20. Oktober
Die Gärten vor dem Dorf waren zur Hälfte schon ausgeräumt. Hochstämmige Rosenkohlpflanzen glichen exotischen Bäumen. Das Laub der Stangenbohnen vergilbte.

Auf dem Waldpfad die ersten grünen Kastanienigel mit weiß und hellbraun gescheckten Früchten. Da und dort noch eine blühende Schafgarbe und eine der späten Goldruten. Es war eine Zeit des »Bereits-Schon« und des »Gerade-Noch«. Das Jahr verlief nicht ebenmäßig, es kannte Phasen der Dauer, denen rasche Wendungen folgten.

An windgeschützten Stellen war es warm. Die aufspringenden Schoten des Besenginsters knisterten. Sie schossen los mit einer Drehbewegung, die die Samen nach allen Seiten schleuderte. Die offenen Hüllen blieben als Spiralen zurück.

Paul saß am Wegrand, unter den knisternden Sträuchern, als zwei Bäuerinnen um eine Wegbiegung auf ihn zukamen. Er hatte ihr Näherkommen gehört, ihre Stimmen, zuerst in Fetzen irgendwoher aus dem Tal, dann für eine Weile gedämpft, aber schon als zusammenhängendes Murmeln, das für Augenblicke verstummte. Plötzlich, herwärts des Hügels, waren die Laute gegenständlich und klar gewesen. Die eine der Frauen ging in Gummistiefeln, eine bunte Plastiktüte in der Hand; die andere trug Wanderschuhe, sie hatte die Reisetasche einer Fluggesellschaft an der Schulter hängen und stützte sich auf einen Haselstock. Sie grüßten sich. Die Frauen erzählten, sie seien nach ihren Schafen unterwegs, sie hofften sie auf dem Grat zu finden. (Im Frühling weideten die Schafe in der Umgebung des Dorfes; im Sommer lebten sie ohne Aufsicht auf dem Berg. Nun, vor Einbruch des Winters, trieb man sie in die Ställe zurück.)

Paul begleitete die Frauen. Vor Tagen, erfuhr er, seien die Tiere in der Gegend der Gradiccioli gesehen worden, anderthalb Stunden von hier. Wenn man jetzt nicht nach ihnen schaute, konnte passieren, was vor zwei Jahren geschehen war. Damals, in einer Oktobernacht, hatte es nach einem Wetterumschlag stark geschneit. Man hatte die Schafe am folgenden Morgen durch ein Fernglas entdecken können, in einer unzugänglichen Schneegrube, dicht aneinandergedrängt und bewegungslos. Ein Helikopter war nötig gewesen, um sie herunterzuholen.

Die Frauen gingen rasch bergan. Sie redeten laut, auch wenn sie hintereinander gingen auf dem schmaleren Pfad und an steilen Stellen. Erst beim Aufstieg über die lange Kante der »Colli di sopra« verstummten sie.

Dann das Schellengebimmel, seitlich, aus einem tiefer liegenden Buchenwald. Die Frauen standen still; sie horchten. Schließlich entschieden sie – Paul wußte nicht warum –, daß es sich um Ziegen aus dem Nachbardorf handeln müsse.

Paul, der den Frauen bisher gefolgt war, wurde nun gebeten vorauszugehen. Sie trauten ihm nicht ganz. Vielleicht waren es seine Fragen, wahrscheinlicher aber scheuten sie bloß die Nähe des fremden Mannes.

Die Höhe war erreicht. Der Weg führte an der kalten Ostseite eines Kammes entlang in einen verschneiten Sattel. Auf dem schmaleren Pfad, der hier weiterlief, kam ihnen ein hagerer Alter entgegen. Er hatte Schafe hinter sich; wie viele es waren, konnte man nicht erkennen, denn der Weg, auf dem ein Tier sich an das vordere drängte, den Kopf über seinem Rücken oder an seinen Schenkel gedrückt, bog um Felsen herum. Der Herde des Alten hatten sich, wie man schließlich vernahm, auch fremde Tiere angeschlossen. Die Schafe der Frauen waren dabei.

Paul ging weiter, an den Schafen vorüber. Sie wichen ihm aus, mit einer fließenden Bewegung wie die Glieder einer Kette. Ein Felskopf, den er erreichte, gewährte einen Überblick. Paul sah und hörte drei dunkle schreiende Menschen, die auf einer Schneefläche helles Vieh nach Erkennungsmarken sortierten. Das schräge Licht gab den langhaarigen Tieren flammende Umrisse.

Der Schatten eines benachbarten Gipfels wuchs dem Felskopf entgegen. Es war plötzlich sehr kalt. Paul ging über offene Weiden.
Hinter dem flächigen Abendschatten des Tals erhob sich später einzeln ein Berg mit einer Mütze aus Licht. Über dem Berg stand eine Wolke, ausgestreckt, blau-violett, mit weichen Rändern, und über der Wolke, im hellen Himmel, der Mond.

21. Oktober
Frische Kastanien, glänzend wie Tieraugen. Mit einem geübten, etwas schräg geführten Tritt stieß Paul die Schalen auf. Er steckte die größeren Früchte in die Tasche, die kleineren ließ er liegen. Er hatte vorübergehend das Gefühl, etwas Ungehöriges zu tun. »Wer den Rappen nicht ehrt, ist des Frankens nicht wert«, pflegte die Mutter den kleinen Paul zu ermahnen. Manchmal hatte sie auch, etwas verschmitzt und im halben Bewußtsein, ihn damit zu überfordern, eine Stelle aus einem Gedicht von La Fontaine zitiert: »Et puisqu'il faut du pain, Monsieur, pour vous nourrir, songez à bien traîter ceux qui le font venir.« Der Nachdruck, mit dem sie den Satz aussprach, ein

Überbleibsel der welschen Schule, war mädchenhaft-belehrend. Vielleicht erriet er jetzt den Sinn ihrer Mahnung: Achte auf das Kleine, das Niedrige, das Übergangene. Tatsächlich folgte er ihrem Rat, er hatte ein Auge für Kleinigkeiten und ein Herz (und manchmal auch einen Leib mit Hand und Fuß) für das, was noch im Wachsen war. Er kannte die Gefahr, sich mit dem Kleinen – und mit kleinen Gefühlen für das Kleine – zufriedenzugeben. Ein »Monsieur« war er schon lange nicht mehr.

Farnfelder, ocker und rostrot. Ihre Farbe wechselte mit dem Licht und mit dem Standort, den er einnahm. Aus der Nähe betrachtet, waren die Pflanzen braun-violett. Blickte er von oben auf sie hinab, so sah er olivgrüne Flächen, stellenweise spiegelnd wie Wasser.
Über dem Farn, auf dem Kamm, die alte Buche, alle Äste gegen Osten gewendet, weiß vor dem blauen Himmel. Er hätte Worte finden mögen, die das Einfache und Vieldeutige dieses Baumes und die Betroffenheit des Betrachters beschrieben und zugleich in Ruhe ließen. Das Schweigen darüber, eine erprobte Möglichkeit, versuchte er vorerst noch zurückzubehalten.

Zehnter Aufenthalt
Üppiges Welken

15. November

Kühle, feuchte Luft, die er am Naseneingang spürte, und nur gerade dort. Die Empfindung saß an dieser Stelle fest, wich auch beim Ausatmen nicht.

Die Ränder der Haselblätter schrumpften rings um die grünen Blattflächen. Ein plötzlicher Frost, vermutete Paul, hatte ihnen nicht Zeit gelassen, in Ruhe dürr zu werden. Jähe Übergänge auch bei den wächsernen Blättern einer Pappel; sie wechselten vom Grabkranzgrün gleich zum Schwarz. Vermittelnde Formen mit salamandrischen Flecken fanden sich selten.

Die Unberechenbarkeit solcher Fleckenmuster. Willkür und Ordnung der Natur, auch unserer eigenen. Paul hatte gelesen, daß es beispielsweise unmöglich sei, Genaueres über die Blasen vorauszusagen, die beim Erhitzen von Wasser entstanden, weder über die Stelle, an der sie sich bildeten, noch über den Zeitpunkt, den sie dafür wählten, noch über ihre Dichte und Größe, selbst wenn man für solche Versuche destilliertes Wasser und hochglänzend polierte Gefäße verwendete.

Das heikle Grau, Weiß und Lila der kahlen Buchen am Poncione, und die mit etwas Schnee flüchtig bezeichneten Felsrinnen. Eben war von dort noch ein wildernder Hund zu hören gewesen, nun bellte er schon irgendwo drüben, in einer Schlucht.

Waldarbeiter (das waren hier fast ausnahmslos Grenzgänger aus der italienischen Nachbarschaft) hatten am Wegrand und ein Stück in den Jungwald hinein Büsche abgeholzt. Sie hatten den Platz gelichtet für die an dieser Stelle noch sehr jungen Tannen, die zwischen den gefällten Ästen und Stämmchen jetzt erst sichtbar wurden. Die hellen Schnittflächen, oval vom schrägen Gertelschlag, standen bei den Haselbüschen dichter als bei anderen Sträuchern.

Mit so schlagartigen Veränderungen hatte Paul nicht gerechnet. Störte ihn der Eingriff? Er störte ihn. Doch er kannte auch die Frische, die man genauen Schlägen verdankte. Er ließ sich auf Fantasien ein, in denen es um klärende Hiebe ging: Scaramouche, der mit einem Degenstreich den Blumenstrauß durchschnitt, hinter dem ein Gegner sich versteckte.

Wolken wie Leintücher, hier gerafft, dort nur eben hingeworfen, drüben zerwühlt, und das Ganze außerdem von schräg unten und farbig beleuchtet. Beim Anblick dieses Himmels fiel ihm Antonella ein (die Leintücher, das Licht, die Gebärde). Antonella war krank. Mit einer Nierenentzündung lag sie ungeschminkt in ihrem Zimmer. Paul stellte sich den Raum neu und unnütz eingerichtet vor, bereit, einen erträumten Liebhaber mit schlechtem Geschmack zu empfangen.

16. November, vormittags
Das Land unter dem grau überzogenen Himmel war still. Schon die sonntäglichen Bewegungen der Menschen im Dorf waren lautlos gewesen.
Paul hatte von einem jungen Mädchen geträumt, das

teilweise er selber war und das sich auf der Suche nach einem eigenen Anfang immer tiefer in viele braune, undeutlich gemusterte Röcke einnähte.

Nun stand er hier, über dem Wald. Er hatte noch immer das feine Gewebe vor dem Gesicht, das sich kaum trennen ließ von der Luft und der tiefliegenden Wolkendecke.

Paul kehrte in den Wald zurück. Er hatte den Blick auf dem Boden. Die veränderlichen Stein- und Laubland-schaften des Weges waren heute abenteuerlich genug. Er ging öfter so, als er vermutet hatte: auf viele Bäume und Sträucher wurde er erst jetzt aufmerksam, als er ihr Laub vor sich liegen sah. Er erkannte die schwar-zen, gelockten Blätter einer Esche und blickte dann in die Krone hinauf.

Später die kugeligen Kastanien. Den rauhstämmigen Bäumen hätte er nie solche Früchte zugetraut, hätte er nicht gewußt, daß es sie gab, daß auf dem alten Holz etwas gedieh, das glänzte wie feucht von einer Ge-burt.

16. November, nachmittags

Das Laub raschelte. Mit den dürren Blättern waren auch wieder die Schafe da, die wieder über eine Böschung herunterblickten. Daß es auch andere Scha-fe gab als »die seinen«, wollte er zuerst nicht zulassen, dann aber war ihm gerade dieser Gedanke wichtig: irgendwelche Schafe blickten auf ihn herab.

Die Vielfalt des Welkens, Schrumpfens, Verdorrens. Die Blätter bildeten auch da noch arttypische Formen, wo die individuelle Gestalt und die Feuchtigkeit von Luft und Boden viele Varianten zuließ. Die dürren Kastanienblätter zogen sich zu halben Röhren zusammen; die Blätter des Haselstrauchs rollten sich tiefer ein, sie sahen aus wie in Öl Gebackenes; die nach unten gewölbten Fieder des Farns ließen an Rippen von Reptilskeletten denken. Es gab Laub, wie das der Platanen, das sich im Dürrwerden heftig aufwarf. Sein Sterben war ein üppiger Lebensabschnitt. Andere Blätter vergingen weniger grandios: die Eichenblätter blieben im Trocknen fast flach, die Blätter der Linde zerknitterten bloß wie alte Haut. Paul dachte sich eine Botanik, die die Pflanzen nach der herbstlichen Färbung ihrer Blätter und nach den Formen ihres Schrumpfens ordnete.

Würde er, wie das Laub, für sein eigenes Altern eine Bewegung finden, die seiner Natur entsprach? Würde er, von Bildern und Werten des Sterbens verführt, einen Tod wählen, der erzählbar war wie das Ende einer Geschichte?

Nun, da Paul Vergehendes beschrieb, begriff er den Tod nicht, gerade ihn nicht. Er lebte, und es war unvorstellbar, nicht mehr zu leben, sich nichts mehr vorstellen zu können. Das Vergehen war ein einfacher Vorgang, der Tod ein widersprüchlicher. Manchmal meinte er ihn zu erleben, in einer augenblicklichen, befreienden Angst, in der er auf ihn zurückblickte.

Paul wischte sich den Schweiß nicht von der Stirn. Sobald er stillstand, beschlug sich die Brille.

17. November

Neblig und naß. Ein Eichhörnchen, das in Bäumen und Sträuchern mühelos Wege fand. Jeder Ast, den es verließ, warf beim Zurückschwingen eine Handvoll Tropfen ins Laub.

Paul hatte Antonella gesehen. Sie war für ein paar Stunden aufgestanden. Die taube Alte erklärte, Antonella sei ohnmächtig geworden. Sie berührte dabei mit der Hand Schläfe und Wange ihres schief gehaltenen Kopfes und machte eine Bewegung des Hinlegens. (Pauls Fantasie: Antonella in Ohnmacht auf dem Küchentisch liegend, unter dem Neonlicht, umgeben von praktischen und dekorativen Einrichtungen. Die Wölbung ihres Bauches unter dem weichen Kleiderstoff. Auf dem Steinboden die teuren Lederstiefel aus Como, die man ihr ausgezogen hatte.) Es ist die Sehnsucht, sagte die Alte. Sie hat die Sehnsucht in den Augen.

Kein Aufenthalt
Erinnerte Topographie

25. Dezember

Paul hatte sich darauf gefreut, an Weihnachten auf dem Weg zu sein. Er hatte Stille erwartet und Schnee, ein Stück Adventskalenderwelt vielleicht, aber davon nur die mit Glimmer flüchtig bestreute Landschaft, nicht die gelb beleuchteten Fenster der Bürgerhäuser. Zu dem weihnachtlichen Gang war es dann nicht gekommen. Das Haus im Tessin war besetzt zu dieser Zeit, die meisten Alberghi geschlossen. Der Verzicht gelang ihm nicht ganz. Paul spürte eine Sehnsucht, der er am Ende, als sie nicht gehen wollte, widerwillig einen Stuhl anbot.

Er versuchte, sich die Wanderung wenigstens vorzustellen, Schritt für Schritt den gefrorenen Boden, die zertretenen Kastanienhüllen, schneeverklebten Grasbüschel, dann sein heißes Gesicht und darüber die Muster der Äste vor dem Himmel. Solche Bilder stellten sich wie von selber ein, doch sie behielten bei aller Genauigkeit etwas Beliebiges. Die Kluft, die die Vorstellung von der Wahrnehmung trennte, erwies sich als unerwartet tief und breit. Die Wirklichkeit der Narbe einer Brandwunde am Zeigefinger seiner schreibenden Hand wurde durch keine auch noch so treue Erinnerung eingeholt.

Paul hatte eine Karte der Region vor sich. Er fand die Stelle am nördlichen Dorfausgang (798 Meter ü. M.), wo sein Weg, eine schwarze Linie, vom weißen Band der Kantonstraße in den Wald abzweigte. Ein kleines, schrägstehendes Quadrat bezeichnete ein kommuna-

les Gebäude, einen Lagerraum für Werkzeuge, Streu-
salz, Kies und Baumarkierungen. Daß die schwarze
Linie zuerst für ein Stück Hohlweg stand, dann für ein
Sträßchen unter Buchen und Roteichen, war nicht
erkennbar. Paul ergänzte, was die Karte nicht aussa-
gen konnte:
Der Mischwald geht allmählich in einen reinen Kasta-
nienhain über. Eine Abkürzung, ein schmaler Pfad,
führt links über die Straßenböschung empor. Wurzeln
alter Kastanienbäume bilden Stufen; an lichten Stellen
wächst Farn. Bei einem Brunnen und einer alten
freistehenden Kastanie erreicht man das Sträßchen
wieder und geht weiter durch einen schattigen Abhang
bis zum Reservoir. Auf der Karte grenzt hier eine
grüne Fläche an eine weiße: man tritt durch ein Tor aus
hohen Bäumen ins Offene. Der Blick ist frei auf das
Seitental, dem man auf halber Höhe folgen wird.
Nun tritt man in eine kahlgebrannte Halde ein. Nach
einem Anstieg über lockeren Schotter trifft man auf
eine Tafel: »Non accendere fuochi«. Von dieser Stelle
sieht man durch die Brandschneise hinab auf das Dorf
und überblickt den ganzen unteren Teil des Malcantone, des querliegenden Haupttals. Der Weg verläuft
dann west- und nordwestwärts. Um eine frisch aufge-
forstete Kuppe herum biegt er gegen Norden. Eine
Wand aus braunem, eisenhaltigem Stein bildet mit
einem Felskopf zusammen eine enge Pforte. Dann
öffnet sich zum erstenmal die Sicht auf die Alp und den
keilförmigen Hang, der, von Bergschenkeln begrenzt,
das Tal abschließt.
Das Sträßchen endet in einer Schlucht. Jenseits der
Brücke, die auch als Wendeplatz dient, beginnt ein
steiler Bergpfad. Er führt zwischen Tännchen und

über Felsbänder hinauf zu einer verwilderten Wiese mit Linden und Kirschbäumen. Hier zweigt das letzte Wegstück rechts in den Jungwald ab. Durch Farn und Ginster ostwärts steigend, erreicht man schließlich die Terrassen und großflächigen Hänge der Alpe di Mágeno (1294 Meter ü. M.), die im Schutz des Berggrats liegen.

Elfter Aufenthalt
Annahme, die Sonne sei augenhaft

4. Januar 1981

Wenn Paul seine weihnachtliche Beschreibung des
Weges mit der Wirklichkeit dieses Januartages verglich, zeigten sich Unterschiede. Die erinnerte Topo-
graphie war einfacher – so hatte er zum Beispiel eine
Vertiefung »Hohlweg« genannt, die er jetzt, vor dem
Objekt, vorsichtiger bezeichnen würde, als kurze
hohlwegartige Einsenkung etwa oder als Ansatz zu
einer Klus. Auch was in der Vorstellung rundweg ein
»Tor« oder eine »Pforte« gewesen war, müßte er heute
ausführlicher charakterisieren. Er verzichtete darauf;
die Korrekturen hätten das Bild bis ins Unleserliche
präzisiert. Wichtig blieb ja am Ende ein Unterschied:
er ging hier, auf diesem Weg, und das war etwas
anderes, als nicht hier zu sein, zu sitzen etwa und zu
imaginieren.

Das Jahresende war schneefrei gewesen. Der Boden
war heute noch aper.
Ein starker Nordwind. Der offene Himmel hatte sich
rasch mit Wolken bedeckt. Ein dickes, dunkles Hemd
hing zwischen der Bläue, die man noch ahnte, und
dem trockenen Land. Über dem südlichen Horizont
verharrte ein türkisfarbener Streifen. Plötzlich setzte
ein schräg und heftig fallender Regen ein. Paul meinte
jeden Tropfen einzeln als schmerzenden Punkt im
Gesicht zu spüren. Er trocknete seine Brille und sah,
bevor das Glas wieder wässerig wurde, Schneewehen
oben am Berghang. Der Wind stieß eine Schwade so

dicht hinter der anderen her, daß in der Luft helle,
bewegliche Bänder entstanden.
Ebenso unvermittelt, wie die Niederschläge eingesetzt
hatten, brachen sie ab. Der Himmel war wieder blau.
Stämme und Äste glänzten im Licht, vorbehaltlos, als
zelebrierten sie so etwas zum ersten Mal. Der gefallene
Schnee war am helleren Gelb und Grau des Berges
erkennbar.

Was Paul beschäftigte, waren die Übergänge. Selbst
das Vergehen war noch ein Gehen. Es fiel ihm leicht,
in den Verformungen der dürren Blätter noch Entwicklung zu sehen. Die Bewegung des letzten Blattes
am Ast, das wie ein Fisch im Wind zappelte, war bis
zum Rand mit Sinn gefüllt.
Dann dachte er an das Dürrwerden ganzer verbauter
Landschaften, eine Entwicklung, die Organisches –
die natürliche Umwelt wie unser Leben und Wohnen –
materialisierte. Wie waren hier die Übergänge? Ge-
spenstig. Die Bewegung vollzog sich gerade langsam
genug, daß sie unbemerkt bleiben konnte; und sie geschah so rasch, daß man erschrak. Sehen bedeutete ja immer Vergleichen. Solange man Erinnerung und Fantasie
nur beiläufig brauchte, war die tägliche Zerstörung
kaum faßbar. Man sah die Häuser nicht wachsen und die
Straßen sich strecken, man sah zuerst nichts und dann
fertige Bauten, »emporgeschossen« und »aus dem Boden
gestampft«. (Wie viel kindliche Wut diese Bauten aus-
drückten – und da und dort auch auszulösen anfingen.)

Neue Wolken hatten sich gebildet. Eine helle, faserige
Schicht zog rasch unter einer dunkleren vorbei, die
unbeweglich erschien.

Verwehungen und Verschwemmungen. Im Laub, das sich an ruhigeren Stellen des Baches sammelte, oder in Mulden, im Schutz von Wegbiegungen und Baumstämmen, zeichneten Wasser und Wind Gegenbilder ihrer Strömung. Die durchsichtigen, beweglichen Elemente brauchten, um sich darzustellen, ein solideres Medium.

Paul nahm an solchen Erscheinungen wohl darum besonderen Anteil, weil sie seine eigene Methode spiegelten: die Beschreibung des Unsichtbaren durch das Sichtbare, des Auges durch das Augenscheinliche, des Schauenden durch das Geschaute. Dabei setzte er voraus – probeweise, und weil keine andere Vorstellung so viel handfeste Hoffnung gab – daß das Auge sonnenhaft, die Sonne augenhaft sei.

5. Januar

Ein sehr heller, kalter Tag. Schon vom Dorf aus konnte Paul an der unterschiedlichen Färbung des Berghangs Gras, Farn, Heidekraut, Ginster und Erlen unterscheiden. Die Ascheflecken verbrannter Laubhaufen unter den Platanen am Rand der Kantonstraße.

Eine Waldlandschaft wie ein Saal mit Durchzug. Buchenlaub, ein ganzes, weit und ebenmäßig verteiltes Rudel, rollte, von der Bise bewegt, über den Boden. Dann die weißhaarigen Windräder der Waldrebe, Fruchtstände wie Winterblüten in den laublosen Ästen.

Wenn Paul Einzelheiten nachzeichnete, nahm er stillschweigend an, daß es ein Ganzes gab, in das sie hineinpaßten. Dieses Passen konnte er nicht überprüfen, da er mit seiner Wahrnehmung selber bloß eine Einzelheit war. Über das Ganze gab es aufregende Spekulationen und schöne Gedanken (daß zum Beispiel natürliche Muster, wie die Muschelform dieses dürren Blattes, Mustern der Wahrnehmung entsprachen und daß beide außerdem mit Mustern der Beschreibung und Darstellung übereinstimmen konnten). Es gab auch die großen, leeren Sprechblasen des Unaussprechlichen. Was leisteten sie? Siehe, die sich für überaus große Eimer hielten.

Pauls Aufmerksamkeit galt dem Unberechenbaren, das der Beobachtung und Beschreibung zugänglich war.
Die taube Alte unter den kahlen Platanen im Dorf, den Kopf schräg in der Luft wie jemand, der horcht.
Vertrocknete Moose. Ihr Grau erschien sehr viel lebendiger, wenn er es, angeregt durch die fellweiche Oberfläche der Pflanze, »mausgrau« nannte.
Katrins Stimme aus dem warmen Telefonhörer.
Aus dem Dickicht der Schlucht das Geräusch eines Laufens und eines geschäftigen Scharrens. Es mußten die Regungen eines größeren Tieres sein; er hatte sie an dieser Stelle schon mehrmals gehört, ohne das Tier je zu sehen.

Zwölfter Aufenthalt
Einfacher werdende Geschäfte

Leichter Schnee. Er fiel so dünn, daß er den Blick
kaum beschäftigte. Zwischen den grauen Wolken – die
Sonnenscheibe zeigte sich dahinter gerade noch – und
dem weitherum aperen Boden machte sein Schweben
den Raum gegenwärtig. Die Flocken rückten langsam
nach unten, mit einer Bewegung, die sich, sah man
genauer hin, in vielen unauffälligen Varianten vollzog.
Jede kleine Abweichung erfand neu das Natürliche,
folgte auf ihre Weise der Schwerkraft. Was bedeutete
es dem gegenüber, Unverwechselbarkeit zu suchen,
sich zu sperren gegen das Fallen, die allgemeinste und
schönste Bewegung?

Alter Schnee in Fugen des dunklen Laubes, um Steine
und Grasbüschel, locker und dicht, mit einfachen und
winkligen Umrissen. Paul studierte die Übergänge –
Ornamente im Gras, im Geröll, im Kastanien- und
Buchenlaub und ihre sonn- und schattenseitigen Ab-
wandlungen –, die ebenso zufällig wie einleuchtend
waren.
Immer wieder geriet seine Aufmerksamkeit in den
Grenzbereich zwischen Willkür und Regel, an die
Ränder des Benennbaren. Jenseits davon, das wußte
er, lag nicht einfach das Unverständliche, sondern das,
was darauf wartete, das Verstehen selber zu verändern.

Die Schneedecke »schloß sich« allmählich im Verlauf des Aufstiegs. Eine Entwicklung, die im Rückblick festzustellen war. Unversehens hatten dunkle Zeichnungen auf hellem Grund die hellen auf dunklem Grund abgelöst.

Im dichter fallenden Schnee bemerkte Paul eine frische Spur, die an die doppelte Naht einer Nähmaschine erinnerte. Die Gangart des Tieres ließ sich leicht ablesen: der Bauch hatte eine durchgehende sanfte Rinne hinterlassen; unter dem parallelfüßigen Gang mußte man sich also eher ein ruckartiges Vorwärtsschieben als ein Springen vorstellen. Das Entziffern der Bewegung vermittelte eine heitere Empfindung; das Bestimmen des Tieres, das offenbar eine Maus war, blieb dabei unwichtig, schien sogar hinderlich zu sein.

Paul war weitergegangen und stehengeblieben. Er hatte auf das Geräusch gehorcht, das der fallende Schnee auf seiner Jacke erzeugte, den Schneelärm. Er horchte noch immer. Voraussetzung für die unerwartete Lautstärke waren Stille und Kurzhörigkeit.

Auf dem Rückweg, in der Dämmerung, hörte und sah er dann einen Fuchs mit einem grau und braunen Fell, das im Kragen zu einem Wulst aufgerichtet war. Der Fuchs entfernte sich einer Anhöhe entgegen, nicht wie ein Fliehender, sondern wie einer, der unbekannten und einfachen Geschäften nachgeht.

Seine gestrige Spur im Schnee. Im Auftauen hatten die Fußstapfen einen weicheren Umriß erhalten. Der Rand war, wie der einer Wunde, zu einem Wulst aufgequollen.

Eine künstliche Form ging in eine natürliche über. Die sanfte, langmütige Aggression der Natur, die das Scharfe stumpf werden ließ. Man brauchte nur die Verwendung stählerner Waffen mit der Aktivität des Rostes zu vergleichen. Flechten und Moose, die den behauenen Stein überzogen, Wasser, das ihn aushöhlte und sprengte, die Arbeit der Wurzeln unter dem Asphalt, des Windes, des Holzwurms: das Simple, das mit einem Namen Benennbare, wurde hereingeholt in ein vielfältiges Netzwerk. Was zerfiel, war aufgehoben, geborgen in guter Nachbarschaft. Diese Zerstörung hatte eine mütterliche Art.

Flache blonde Grasbüschel wie Venushügel im Schnee. Kräftigere Halme hatten sich wieder aufgerichtet, hatten in der weißen Fläche ein Relief hinterlassen, das die Pflanze stern- und fächerförmig umgab.

Die dünnen Schneelagen bildeten andere Formen als die schweren Schichten und Verwehungen des vorigen Jahres. Weniger Würde, mehr Spiel. »Sich in der Landschaft wiedererkennen«, hatte Paul damals notiert. Jetzt versuchte er den Satz umzuformen: »Die Landschaft in sich wiedererkennen.« Dann strich er die Wörter »in sich« und »wieder«. Erkannte er sich in diesen neuen Sätzen? Oder verschrieb er sie sich wie eine Medizin?

Paul hatte weitere Gegenüberstellungen ausprobiert. Der liegende Farn wies heuer in keiner bestimmten Richtung, hatte er bemerkt, und der Ginster war staubiggrün, nicht schwarzgrün, und ohne Glanz. Die Vergleiche langweilten ihn. Am Ende blieb nur etwas, das ihn wirklich interessierte: dieser Februartag.

In der Osteria hatte er vernommen, der Wald an den südlichen Hängen des Lema habe gebrannt. Paul blickte hinüber. Eine Wolke verdeckte den Ort. Er glaubte aber, den Geruch einer verregneten Feuerstelle in der Nase zu haben.
Er schloß die Augen und ließ die Sonne purpurrot durch seine Lider scheinen. Von der Lidspalte her stieg nach einer Weile Grün herauf und verfärbte nach und nach das ganze Augenfeld auf ein unbestimmtes Grau hin. – Mischte sich hier Rot und Grün, oder war das Grau die Farbe einer verdumpften Wahrnehmung, die ohne bestimmenden Kontrast allmählich ins Leere ging? Die Farben wurden jedenfalls zunehmend trüber, das Ineinanderfließen diffuser. Gleichzeitig verdünnte sich die Anschauung »irgendwie grau« bis zur bloßen Vermutung.

Ein Bursche in farbiger Jacke, mit Schnurrbart und Sturzhelm, fuhr auf einem Motorrad, einer Motocross-Maschine, bergwärts. Später durchquerte er drüben als lärmiger Fleck die Flanke des Poncione. Er schien steckenzubleiben, vielleicht bei einem der vereisten Becken unter einem Wasserfall, jedenfalls kehrte er um und kam, stehend wie ein Reiter im Jagdsitz, wieder herab und, feuchte Erde verspritzend und mit einem kurzen Gruß, nochmals an Paul vorbei.

Wieder Schneeflocken, einzeln vor dunklen Tännchen, wie Blütenblätter bei Windstille. Ihr Fallen
machte ruhig; es befriedigte, ohne Aufmerksamkeit zu
verlangen, ein Bedürfnis nach Bewegung und Veränderung.
Im Vogelruf und im Rauschen von Wasser die Anwesenheit von Tal- und Himmelsraum. Das Gurgeln von
Pauls Verdauung hatte einen anderen Ort, diesseits.
Ein Erikapolster trug Farben von gelb- und grasgrün
bis oliv, und von zinnober bis violett und braun. »Die
Landschaft dieses Polsters betrachten, sonst nichts.«
Daß Paul, indem er so dachte, weiterging, war heute
kein Widerspruch.

Aus einer offenen Schlucht am Poncione kam das
Geschwätz von Vögeln. Sie riefen aufgeregt, alle
gleichzeitig und ohne Unterbruch. Paul hatte sie
mehrmals herüber- und vorbeifliegen sehen: kleine
hellbauchige Tiere.

Durch den Schnee, der jetzt wie ein Vorhang nieder-
ging, knisternd auf den Farn aufsetzte, weiß auf alte,
grauere Schichten fiel, sah Paul einen Fleck Sonnen-
licht auf dem Dorf. Wieder war es das Fallen, das ihn
beschäftigte, die vertrauensvolle Bewegung. Der
Schnee ließ sich Zeit, er konnte sicher sein, irgendwann, und immer früh genug, unten anzukommen.
Paul stellte sich einen langen, fast endlosen Film vor,
der von nichts anderem als von Schneefall und Schneeschmelze handelte, und er dachte sich die gleiche
Bewegung in einer sehr langen, stummen Umar-
mung.

»Es schneit«, hatte Paul vorgestern gegrüßt, als er in die Osteria getreten war. Antonella hinter der Kaffeemaschine hatte Antwort gegeben, indem sie schleppend ein Kinderlied über den Schnee zu singen anfing.
Sie war schläfrig gewesen vor Melancholie. Sie hatte Pauls Jacke, die von der Bank geglitten war, aufgehoben, hatte sie ausgeschüttelt und auf den Tisch gelegt, mit einer träumerischen Sorgfalt, die nicht ihm, sondern dem menschlichen Kleidungsstück galt.
Antonella war jetzt neununddreißig Jahre alt.

24. Februar
Morgengespräche in den Wiesen und Gärten am Dorfrand. Das Geräusch eines Traktors (die Maschine eines jungen, aus dem Bernbiet zugewanderten Bauern) und viel Vogelgesang. »Hörst du die Vögel?« Eltern und Lehrer hatten auf die Schönheit solcher Stimmen aufmerksam gemacht. Aus dem Angebot der Natur hatten sie eine kleine Auswahl getroffen; Roßkastanienknospen, herbstlich gefärbtes Laub und Rauhreif gehörten dazu. Vogelstimmen waren lange ein Stück Natur für freundliche Erwachsene geblieben. Jetzt, vierzig Jahre später, fing Paul an, die Vögel zu hören. Sie taten keiner Lehrerin mehr einen Schulfrühling zulieb. Sie sangen – zeitweise – wirklich.

Bloßgelegte Wurzeln am oberen Wegbord. Die jähen Krümmungen, mit denen sie einst Steinen und älteren Wurzeln ausgewichen waren. Diese Bewegung, das war offensichtlich, fand sich im Dunkeln zurecht; sie paßte so genau zur Erde wie das Strecken der Äste der hellen Luft entsprach.

Waldarbeiter waren daran, mit großem Lärm den Kastanienstamm zu zersägen, der einer von Pauls Sitz- und Schreibplätzen gewesen war. Bei jeder Wanderung hatte er sich bei ihm aufgehalten. Ausgerechnet heute, dachte er. – Wer war es, der rechnete?

Er blickte hinüber zum Lema, der ganz in der Sonne stand. Die verkohlten Waldflächen des kürzlichen Brandes waren jetzt deutlich zu sehen: versengte Bartstoppeln an einem rußigen Männerkinn. Paul blieb versöhnlich diesem Vergleich gegenüber. Die Sprache verglich ja selber, ohne sein Zutun und ohne mit der Wimper zu zucken. Da gab es den »Fuß« des Berges, den »Rücken«, den »Kopf«, den »Hals«, die »Flanke«. Und wo man hinschaute, verglich auch die Natur: das Gefieder des Farns, die schneckenhausförmigen Früchte des Schneckenklees, Schneedünen, die Tarnfarben tierischer Felle.

Büschel stark gebogener Federn lagen hellbraun und flaumig weiß im Kastanienlaub. Es war das Revier des graubraunen Fuchses.

Schafkot: geschichtete, glänzende, faustgroße Haufen. Paul hörte das Gebimmel kleiner Glocken im Wald und später auch Tritte von Tieren. Er dachte an Schafe, »seine Schafe« sogar. Doch es waren die Ziegen des Nachbardorfes, die jetzt unter den Bäumen erschienen, langgehörnte, trächtige, schwarze Tiere. Eine glückliche Enttäuschung. Die Schafe hätten ihn erinnert, sie hätten zur Geschichte »Spätes Wiedersehen« verführt; die Ziegen waren nichts als gegenwärtig.

Auf dem Rückweg noch einmal die freiliegenden Wurzeln. Wie unter der Erde lebende Tiere orientierten sie sich mehr tastend als sehend. Sie paßten sich an und setzten sich durch, gleichzeitig, mit derselben Bewegung.

Über dem Lehm am Straßenbord die leuchtend grünen Algen. Der Glanz auf dem braun-violetten, behaarten Gras und das Strohraschen anderer, strohblonder Gräser. Die stachligen Kastanienhüllen, ihre wirkliche Form im Licht.
Auf dem Nebenpfad, der in den aperen Hügel eingesenkt war, der helle Streifen Schnee. Der leichte Wind. Pauls Schwitzen. Seine kühlere linke Hand. Katrins Telefonstimme. Die erste Eidechse.

Ein Grünfink – War es einer? – So etwas Grünes hatte er noch nicht gesehen.

Inhalt

Der Stiftung »Pro Helvetia«, die mit ihrer Unterstützung die Verwirklichung dieser Arbeit möglich machte, herzlichen Dank.